海顿

Franz Joseph
Haydn

海顿

Franz Joseph Haydn

皮波人物国际名人研究中心 编著

国际文化出版公司

·北京·

图书在版编目（CIP）数据

海顿/皮波人物国际名人研究中心编著. --北京：
国际文化出版公司，2013.12（2024.2重印）
（名人传记丛书）
ISBN 978-7-5125-0419-6

Ⅰ.①海… Ⅱ.①皮… Ⅲ.①海顿，F．J．
（1732～1809）—传记 Ⅳ.①K835.215.76

中国版本图书馆CIP数据核字（2012）第199633号

海顿
———

作　　者	皮波人物国际名人研究中心　编著
责任编辑	宋亚晅
统筹监制	葛宏峰　刘　毅　周　贺
策划编辑	刘露芳
美术编辑	丁鍠煜
出版发行	国际文化出版公司
经　　销	国文润华文化传媒（北京）有限责任公司
印　　刷	北京一鑫印务有限责任公司
开　　本	700毫米×1000毫米　　　16开
	8印张　　　　　　　　　　75千字
版　　次	2013年12月第1版
	2024年2月第3次印刷
书　　号	ISBN 978-7-5125-0419-6
定　　价	30.00元

国际文化出版公司
北京市朝阳区东土城路乙9号　　　　邮编：100013
总编室：（010）64270995　　　　传真：（010）64270995
销售热线：（010）64271187
传真：（010）64271187-800
E-mail：icpc@95777.sina.net

目录

目录

目录

青少年时期

贫寒的家境

1732 年 3 月 31 日，海顿出生在奥地利南部靠近匈牙利边境的罗劳村。从种族来说，海顿是日尔曼人；从国籍来说，他却是奥地利人。

弗朗茨·约瑟夫·海顿

罗劳村虽然很小，却是一个多民族聚居的地方。这里居住着克罗地亚人、匈牙利人、塞尔维亚人、斯洛伐克人，还有大篷车上的吉卜赛人。这些民族大都能歌善舞，热情奔放，他们喜欢用歌声和舞蹈表达他们的感情。

海顿就生活在这样一个民族大熔炉里，这是他的幸运。他从小就听各民族的音乐，参加各种节庆，他非常喜欢他们的艺术表现和喜气洋洋的节日装扮。

海顿天资聪颖，他吸收了这些元素后，再加以融合，并尽可能地运用到了自己的音乐作品中。他熟悉奥地利和匈牙利两种不同的文化，这是他成为伟大艺术家的重要因素。

1683年，海因堡镇被土耳其人入侵时，海顿的曾祖父母双双被害，他们辛苦积攒的家产、房屋全部被毁，只有一个儿子汤姆斯幸存。不到七年，海顿的祖父汤姆斯就建立了新的家园，并且被提名为海因堡的公民，这表明他的地位大大提高了，因为他的父亲在海因堡是靠打长工起家的，并没有什么社会地位。

海顿的父亲叫马蒂亚斯·海顿，他在1699年1月31日出生于海因堡。马蒂亚斯两岁的时候，父亲汤姆斯就去世了，留下了年轻的妻子和六个儿子，六个儿子中最大的只有12岁。

在那个兵荒马乱的年代里，一家人要生活下去，必须依靠男人。于是，在守寡四个月以后，马蒂亚斯的母亲就嫁给了一个车匠——西弗朗茨，她为他生了四个小孩。

西弗朗茨脾气暴躁，喜欢吵架，他的六个继子都跟着他学手艺，日子并不好过。

1717年，马蒂亚斯学完了手艺，就开始到处旅行，最远曾到德国的法兰克福。他回到家时，带回了一架竖琴，并无师自通地学会了弹奏。

凭着自己的手艺，马蒂亚斯攒了一笔钱，在海因堡附近的罗劳村盖了一栋房子。1728年，马蒂亚斯和比自己小8

岁的玛利亚·科勒结婚。

海顿的母亲玛利亚·科勒出生于 1707 年 11 月 10 日，是一位集市仲裁员的女儿。那时罗劳村村民正在奋勇抵抗匈牙利人的入侵，玛利亚的父亲在抵抗中牺牲。后来，玛利亚到一个贵族家做厨娘。

1728 年，玛利亚 21 岁。她离开了贵族的城堡，嫁给了马蒂亚斯·海顿。虽然她的嫁妆有 120 个金币，但是婚后，她仍然得省吃俭用才能勉强维持一家人的生活。

马蒂亚斯夫妇生了 12 个孩子，就像当时的大多数家庭一样，他们的孩子有一半夭折了。

海顿回忆他的母亲时，总是称赞母亲勤劳贤惠。玛利亚虔诚地信奉上帝，经常把家里收拾得干净又雅致。

玛利亚最大的愿望就是海顿成为牧师，终生侍奉上帝。但是海顿选择了音乐为职业，这使她多少有些失望。玛利亚没有机会看到海顿出人头地了。1761 年，当海顿得到第一个职位时，他的母亲因为操劳过度，已经在六年前去世了。海顿常常引以为憾，没有让母亲过上好日子。

音乐启蒙

弗朗茨·约瑟夫·海顿是马蒂亚斯和玛利亚的次子，在他的幼年时代，他和一般的男孩子没什么两样。但是他拥有出类拔萃的音乐才华。直到现在，他的家乡还流传着许多关于他的逸事。

海顿从小就受到了很好的艺术熏陶。每天晚上吃完晚饭后，马蒂亚斯总喜欢把家人召集到一起唱歌，而他则坐在一旁以竖琴伴奏，唱出动听的民谣。马蒂亚斯唱起男高音来字正腔圆、嗓音嘹亮，小海顿则以完美的咬字和甜美的声音合唱，这让听过他唱歌的人都大感惊讶。不久，这个小男孩对音乐的渴望更热切了，他希望和父亲一样演奏乐器。有一次，他看到一个校长演奏小提琴后，他也模仿着校长的样子，找来两根木棍，假装它们是琴弦和琴弓，就这样比画着，边拉边唱。

看到儿子这样喜爱音乐，他父母的心中也泛起了希望，他们想象着儿子长大后可以出人头地，比他们更有出息。他们希望他摆脱繁重的劳动，有一份体面的工作。也许他会成为一名音乐家，或者像他母亲希望的那样，成为一个牧师。这种想法很有希望实现，因为小海顿一直像个有浓厚宗教信仰的人。

罗劳村的音乐环境和条件都十分有限，马蒂亚斯和玛利亚都十分遗憾，不能给儿子一个好的教育。不过机会很快来了。1738 年，马蒂亚斯的妹夫约翰·弗兰克从海因堡来到罗劳村。约翰·弗兰克是一位校董，也是两个教堂的管风琴师、唱诗班指挥和领唱。在那个时代，他算是个相当有权威的人。

弗兰克很快地发现了小海顿的音乐天赋，于是提议把他带到海因堡接受合适的教育，主要是学习一些音乐知识。起先，海顿的母亲不赞成，因为她希望儿子能成为一名牧师。弗兰克随即解释，如果海顿有志担任圣职，他的音乐才华将会是个很大的帮助。他母亲仍犹豫不决，因为小海顿毕竟还不到 6 岁，而且一旦离开家，她就不能常常见到他了。

最后，海顿的父母总算是接受了弗兰克的提议，因为他们也知道，一直待在罗劳村这种乡下地方，只会白白浪费儿子的天分。让他去见更大的世面，这是他们能为他做的最好的事情。

海因堡

因此，小海顿在 1738 年就离开了家，跟着弗兰克来到 40 里外的海因堡。从此以后，除了偶尔短暂的停留外，他再也没有回家长住过。小小年纪就离开父母，来到一个陌生的城市，这对一个小孩子而言是一件非常痛苦的事。慢慢地，他和父母共处的那段日子成了他最宝贵的回忆，他也因背井离乡和思家而迅速变得成熟。

海因堡群山险峻，其间有壮丽的多瑙河，山上有许多大岩石和浓密的森林，巍峨的城堡隐约可见。在这里，海顿对艺术的好奇心得到了完全的满足。

弗兰克职务繁忙，他要教导80多个小孩读书、写字、做算术、唱歌和祷告，还要记录教堂的日志，维护教堂的钟，并在做礼拜前或雷雨及火警等特别时候摇钟铃。此外，他还要负责教堂的音乐、弹管风琴，并指挥每个礼拜的唱诗。所以，他聘请了两个助手帮忙。

小海顿抵达海因堡后，弗兰克立刻向他介绍学校的各种活动。实际上，这个6岁小男孩每天的节目排得很紧，上午7点到10点上课；然后是教会的弥撒，有时也担任祭坛的侍童；午饭后是繁重的作业；晚上，他还要学习钢琴和小提琴的演奏，如果弹得不准，就会吃一顿皮鞭。

海顿6岁时，就像大人一样在教堂的合唱团唱《弥撒曲》，还会一点点小提琴、钢琴与风琴。

那年举办圣日游行时，乐队里的鼓手突然死了，弗兰克非常沮丧。他想到了海顿，他把海顿叫来，教给他击鼓的技巧后，就留下小海顿一人练习。

终于，这个男孩子骄傲地走进了游行的行列。由于他的个子太小，鼓绑在一个驼背者的背上，由他敲打。虽然这幅景象非常滑稽，但是小海顿打鼓的技艺却让人惊讶不已。

弗兰克所指挥的乐队规模并不小，水平也颇高。教堂乐器包括八支小喇叭和八把小提琴。虽然在平常的礼拜天，音乐只限于四部合唱，由两把小提琴和风琴伴奏。但在特别的节庆时，却要加上一把大提琴、一把低音提琴，以及许多小喇叭、号角及定音鼓。弗兰克搜集了相当多的手抄乐谱，一些比较大的教堂也向他借用。他曾吩咐海顿为他抄谱，使海顿小小年纪就已熟悉当代的圣乐。

天主教教会有许多大的节目，人们为祈求上苍保护他们的家园和财产不受雷雨、冰雹等灾害的袭击，常常会举办盛大的游行。

小海顿在各种庆典活动里表现得非常活跃，海因堡的所有音乐活动他都积极参加。这些活动也一定令他印象深刻，特别是吸引人的"圣餐节"，那是各行各业的节日，包括车匠在内。海顿的祖父、父亲和叔伯们都曾经历过。1738年，他的父亲为招募一个新学徒出席了典礼。这种难得的和父母接触的机会，对一个小孩子来说是很重要的。尽管他的生活中充满了新奇事物，但他一定经常想家。

现在必须提到在海因堡的另一面，非常令人不愉快的一面。弗兰克因为薪水微薄，再加上家里人比较多，因此生活极为穷困。他的太太朱丽安缺少海顿母亲那种理家的本领，家里一直乱糟糟的。他们原本有两个女儿，1739年，朱丽安又生了一个儿子，因此，她便把小海顿当作一个可以随意使唤的帮手，而不是一个需要关爱和照顾的6岁小孩。

在弗兰克家里，海顿常常被冷落。在他自己家里，他母亲教导他要注意整齐和干净，但是在这里，他却无法保持干净，他仅有的几件衣服也无法经常换洗和修补。

那个时候，小海顿过着吃不饱、穿不暖的日子。但是，造物者赐给他难得的天赋，他那愉快和怡然自足的性格，使他从不怨天尤人。尽管偶尔会受到粗暴的待遇，他却知足常乐。在海顿的一生中，每当有人提起弗兰克时，他总称赞他这位启蒙的老师。他说："我要对弗兰克表示崇高的敬意，虽然他早已不在人世，但是他给过我许多教导，尽管我从他那里得到的皮鞭比食物还要多……"

若是心平气和地权衡海顿在海因堡生活的得失，我们可以确定，它最后的结果显然是有利的，他得到了他最需要的、扎实的音乐训练。小海顿进步得非常快，由于歌唱得好，7岁的时候，他已经是海因堡的小名人了。

在海因堡待了两年以后，弗兰克就没有什么东西可以教给他了，继续停留在中古世纪的知识墙内，只会耽误他的前程。幸运的是，冥冥之中似乎有一股力量，引导着这个音乐天才走向一条正确的道路。

唱诗班歌手

奥地利的宫廷作曲家卡尔·洛依特刚刚被任命为维也纳圣史蒂芬教堂的乐长。为了给唱诗班补充新鲜血液，他四处旅行，要寻找优秀的唱诗班成员。路过海因堡时，他住在当地牧师安东约翰坡的家里。牧师知道洛依特来的目的以后，就向他推荐小海顿，因为他注意到海顿柔弱却甜美的声音。

圣史蒂芬大教堂

小海顿被带到了洛依特面前。洛依特叫海顿唱一段卡农，他很惊异地发现这个男孩子的节拍和音调都很准，而且声音美妙。当洛依特问海顿为什么没有发出颤音时，海顿回答他说："没有人教过我，我当然唱不出来。"洛依特说："你过来，我来教你。"他把海顿带到膝前，告诉他应该如何快速又持续唱出乐音、控制呼吸以及震动嘴唇，教了一会儿，海顿立即唱出了很好的颤音。洛依特大喜，拿了一盘红樱桃全部倒到海顿的口袋里。很久以后，海顿还笑着对人说，每当他唱颤音时，就好像看见那些令人垂涎的樱桃摆在眼前。

洛依特很愿意带海顿到维也纳，成为圣史蒂芬教堂合唱团的一员，并让他接受完整的音乐教育，但是必须先征得海顿父母的同意。洛依特很快就和海顿的父母会面了。对于洛依特的这个提议，马蒂亚斯当然求之不得。他们都同意等到海顿8岁时，就让他去维也纳。洛依特鼓励海顿一边练习声乐，一边练习视唱，以发展他的声音。

维也纳素来有"音乐之都"的美誉。在等待去维也纳的日子里，小海顿心里充满了快乐的憧憬，他迫不及待地想要去看看首都的大千世界，想象着在维也纳最大的教堂受音乐训练的情景。

圣史蒂芬教堂是一座被称为"帝国首席教堂"的大教堂，无论是那高耸入云的教堂尖顶，还是历史悠久的唱诗班学校，在奥地利都屈指可数。

教堂外面环绕着无数精雕细琢的小尖塔，和无数的教会伟人及奥地利王室的雕像。它宏伟的南塔楼是维也纳最具特色的建筑，塔楼有 400 多尺高，在它的顶端，可以极目东望到匈牙利平原，北望多瑙河和肥沃的平原，西方和南方是翠绿的维也纳森林和阿尔卑斯山。

虽然教堂的外表颇具中古风味，但是内部却有许多巴洛克式的装饰和神坛。以传统的眼光来看，这座教堂的内部完全缺少纯古典的风格，但是它大胆的融合却给人一种很舒适的感觉。

卡尔·洛依特的父亲乔格、六个合唱团男生、一个助理领唱人以及两位音乐老师，住在教堂旁边的一个房间里，教会每年为每个孩子支付 700 个银币的食宿和教育费，不幸的是，那位在海因堡曾经大方地送给海顿樱桃的人，现在却变成了一个严苛的校长，供给孩子们的食物甚至不如海顿从弗兰克那里得到的。为了吃一顿饱饭，海顿不得不拼命争取在音乐演奏会（为维也纳的名流举行的）的演出，因为那里供应食物给合唱团员。他每次都努力演唱，以使自己有更多机会参加演出，这样他才能多吃几顿饱饭。

这并不是最糟糕的，因为洛依特不具备作为教师的职业道德。他只想提高孩子们的表演水准，利用他们为自己谋取私利。他不关心他们的教育，唱诗班的课程全是老式的，主要科目包括神学、拉丁文、数学及写作。音乐方面则包括声乐、小提琴和键盘乐器的学习。由于教堂活动很多，许多上课机会都被占用了。海顿后来回忆说，在唱诗班的那些年，洛依特一共给他上过两节理论课。

事实上，年轻的洛依特是一位多产而有才华的作曲家，他的乐曲以明亮、音色和谐和特别适于演奏著称。1731年，他成为宫廷作曲家，七年后担任圣史蒂芬教堂的指挥，兼任合唱学校的校长。在1740年，洛依特又被查理六世皇帝册封为爵。1747年，他又成功地被任命为第二席宫廷指挥。1756年，他又被授予第四个职位。此后，他又聪明地运用他的人脉，巩固他在宫廷的地位，终于在1759被任命为首席宫廷指挥。

从各方面看，洛依特的收入都非常可观，他的妻子是最优秀的宫廷歌唱家，每年有3500个金币的高收入。尽管如此，他却还是私吞了合唱团男孩的住宿和教育费，只分给他们很少的钱。

对于合唱团的男孩子来说，缺少系统的音乐教育并不意味着他们没有事情做。合唱团的活动非常多，他们必须每天参加两场歌唱礼拜（大弥撒和晚祷崇拜），节庆时还得作特别演出，尤其是在复活节前一周的特别演出，还有一些私人家庭的丧礼、游行，甚至于耶稣会的拉丁歌表演。

洛依特所担负的各种职务使他不断地接到宫廷的邀请，指挥圣史蒂芬教堂的歌者和宫廷乐队联合演出。天资聪慧的海顿从这些各式各样的表演中得到了丰富而实际的音乐知识，并对作曲产生了浓厚的兴趣。他十分熟悉当代的作曲家，诸如富克斯、洛依特、图马、吉阿尼、帕洛塔、卡德拉及邦诺等人的圣乐，也听到许多通俗作品。海顿曾说：

"我从来没有正式的老师，我一直从实际的练习开始，首先是唱歌和玩乐器，然后是作曲。我花了很多时间去听别人的演奏，在维也纳，我没有错过任何精彩的作品。哦，太多了！每当听到好的音乐，我总是仔细聆听，记住所有令我感动的细节。"

除了这些丰富的音乐印象外，在富有传奇色彩的维也纳，海顿也见到了各种盛大的场面，其中最使他难忘的是1746年，维也纳的大主教西吉蒙·科罗尼为庆祝担任圣职50年所举行的盛大弥撒。那一次，殿内点燃了无数的蜡烛，许多神甫和显要人物庄严地进入天主教堂，大主教、主教和在盛大弥撒时帮忙的高阶教士们都穿着最华丽的衣袍，在手臂上佩戴着灿烂夺目的环饰。科罗尼大主教的纯金环饰是奥地利女王玛丽娅·特蕾莎送的，而他使用的圣餐杯以银铸成，是葡萄牙皇后的赠礼。

在这些游行礼仪中，圣史蒂芬教堂合唱团的男孩子经常参加户外的表演，譬如纪念圣徒约翰时，他们就在一艘金碧辉煌的船上表演，那条船停在多瑙河上，对面是圣徒约翰的雕像。而在其他节日的时候，他们则在装饰美丽的维也纳大桥上演出洛依特编写的神剧。

与大部分哈布斯堡的贵族一样，奥地利女王是受过良好训练的音乐家。有人说，她美妙的歌声使最有名的男中音塞尼西纳感动得流泪。她很欣赏海顿在剧中的独唱。

在圣史蒂芬教堂合唱团的最初几年里，海顿并未红得发紫，但是他的表演很成功。像在海因堡一样，他对很多事情都有兴趣，并且总是保持愉快的心情。

维也纳的生活虽然艰苦，但是这里到底是首都，在这里发展总比在家乡有前途，因此，马蒂亚斯把海顿的弟弟米歇尔也送了过来。海顿很高兴能有家人和他在一起，当洛依特要海顿指导米歇尔的各种课目时，他感到很骄傲。虽然并不比弟弟大多少，海顿还是勇敢地担负起了照顾弟弟的责任。

离开唱诗班

从 1745 年起，情况出现了一些变化。海顿逐渐接近青春期，开始变声了。圣史蒂芬合唱学校来了一个米歇尔，他能唱三个八度的美妙女高音。米歇尔似乎比海顿更聪明、更有天赋，他学得很快，不久就成为教堂的副风琴手，得到了一些额外的收入。在这种对比下，海顿每每显出劣势。

有一天，特蕾莎女王在欣赏孩子们的合唱时，突然从合唱队里传来一声很不协调的怪声，女王当场问："怎么有个孩子的声音好像乌鸦叫？"这个声音是海顿发出来的。这个时候，海顿的声音已经变得沙哑低沉，由于声音没有完全转变过来，所以听起来有些怪。

自从女王批评海顿的声音"像乌鸦叫"以后，海顿再也没有独唱的机会，米歇尔取代了他。事实上，米歇尔从女王夫妇那儿获得的掌声，比海顿以前得到的还要多。

海顿日渐成为圣史蒂芬教堂中无用的歌手，如果洛依特稍微有点良心，他就会为这个男孩的前途着想，毕竟，这个男孩跟了他九年，给他带来过不少荣耀。他应该在海顿声音恢复圆润以前，让他担任小提琴手。但是洛依特不是一个有情义的人，他已忘记了他向海顿的父母许下的诺言，他一直在寻找一个把他赶出去的机会。

有一天，淘气的海顿得了一把新剪刀，他急不可耐地想试一试这剪刀是否锋利，刚好一个合唱团的朋友坐在他面前，他就把他的发辫给剪了下来。这下可捅了马蜂窝，洛依特拿起鞭子就要打海顿。已经 17 岁的海顿不能忍受这种侮辱，于是他大声说："我情愿离开这里，也绝不会让你打我。"洛依特等的就是这个机会，他还是狠狠地把海顿打了一顿，然后把他赶出了唱诗班。

1749 年的 11 月，那天非常寒冷，海顿带着仅有的三件破衬衫和一件旧外套，被赶出学校。他身无分文，也没有推荐信。他想过回老家，他已经整整十年没有回去过了。但是他已经不是一个 7 岁的孩子了，他不能再给父母增加负担了。

他决定留在维也纳，从现在开始，他要独自一人为生存而奋斗。

独自奋斗

好心人的收留

　　奥地利女王玛丽娅·特蕾莎继承了哈布斯堡的家族传统，很有音乐和戏剧天分。作为神圣罗马帝国的统治者，她却也要为奥地利的生存而努力。奥地利周围的列强，一个个都虎视眈眈，随时准备挑起事端，发动战争。因此，特蕾莎唯有以百倍的勤奋、坚定的信念去迎接挑战。因此，她不能像以前的君王一样花许多钱在音乐上，但她却极力邀请一流的艺术家到维也纳，在音乐学院教书，并在宫廷演出。

　　奥地利的贵族和显要都以王室为榜样，竞相成立乐队，而且乐队都具有非常高的水平。

　　从 1750 年起，奥地利的中产阶级也开始对音乐感兴趣，他们效法"巴黎音乐会风潮"的模式，成立了公众音乐会，不久就风靡全国。

　　海顿虽然在维也纳生活了十年，但他的生活圈子非常狭窄。昔日他那美妙的歌喉也已经失去了，他所接受的教育又不足以担任任何一种乐师职位。他衣衫褴褛，外表不吸引人，因为一直过着与世隔绝的生活，他不太适应外面的世界，举止害羞而笨拙。

这样一个穷困的年轻人能做什么？他不敢妄想他的父母能帮他。或许他应该遵从母亲的期望，去担任天主教的圣职。尽管海顿天生就有虔诚的信仰，他却从未考虑过成为一个教士。

海顿希望成为一个音乐家，一个真正的作曲家，而不是一个普通的乐手——一个在豪门里听候主人使唤、演奏主人喜欢的室内乐的乐手。那只会浪费他的时间，使他无法达到他渴望的艺术成就。但是，海顿也非常明白，对于他要走的音乐之路而言，他现在的基础是多么不牢固。他需要一位好的乐理老师，或者至少要有充足的时间去练习。摆在他面前的只有一条路：以零星的音乐工作来养活自己，然后用剩余的时间和精力去学习和积累音乐知识。这是一条漫长而艰辛的路，一条穷困的路，但却能引导他达到最终的目的。

这位年轻的音乐家在离开圣史蒂芬教堂的那天晚上，甚至不知道晚上要去哪里过夜。幸运的是，他遇到了一些好心人，尽管这些人的境况也不比海顿好多少。

海顿在寒冷的街头徘徊时，意外地碰到了约翰·斯班格勒，他是教堂的歌手兼音乐教师，靠着一份微薄的薪俸生活。虽然斯班格勒和海顿并不很熟悉，当他知道海顿的遭遇后，还是立即邀请海顿到他家去住。斯班格勒在维也纳的集市租了一处小阁楼，和他的太太及一个九个月大的男孩住在那里。

幸亏有了斯班格勒的收留，海顿才不至于流落街头。

整个冬天，海顿都寄居在斯班格勒的家里。为了生活，海顿逐渐和社会有了接触，他在舞会上演奏，为各种乐器谱曲，他以极低廉的学费收学生。他也参加小夜曲的演奏。

像意大利人一样，奥地利人非常喜欢晚上的露天音乐会，所以海顿抓住了这个大好机会，不但赚了一些钱，也吸取了很多民俗音乐的养分。这种音乐也是莫扎特、贝多芬、舒伯特、勃拉姆斯等人的灵感来源。

在这种情形下，海顿熬过了冬天。到了春天，海顿知道，是离开的时候了。在斯班格勒狭小的阁楼里，他无法专注地进行练习。还有，斯班格勒的太太又怀孕了，等小孩出生以后，这里就会更拥挤了。

发奋学习

1750年的春天，为了摆脱生活的困扰，海顿和一群朝圣者一起前往在玛丽亚采尔的圣母教堂。这个时候，海顿的声音已经稳定下来，能够运用自如了。他向教堂唱诗班的乐长推荐自己，说自己曾是圣史蒂芬教堂的唱诗班成员，接受过八年训练，希望准许他加入唱诗班。

海顿寒碜的外表使人无法相信他，那位乐长显然是把他当成了游手好闲的小混混，他粗鲁地把海顿赶走了。海顿不肯死心，偷偷跑进教堂的合唱团，从领唱的手中抢来乐谱，字正腔圆地唱起独唱的部分。这是个相当有难度的唱段，但是海顿唱得非常专业，而且歌声完美得使"全体团员都屏息静听"。

乐长为自己不能慧眼识人而感到惭愧，于是邀请海顿和他住一个晚上。这天晚上，他们聊得非常投机，海顿又在那儿住了一个星期。这段时间里，海顿总算能大快朵颐，美美地吃饭了。

回到维也纳时，海顿精神饱满、充满信心，身上还有一些玛丽亚采尔的音乐家给他凑的钱。这次，他的运气不错。一位名叫安东·布赫尔茨的维也纳商人决定帮助这位年轻人深造，无条件地借给他 150 个金币。

靠着这笔钱，海顿可以安然地离开斯班格勒夫妇，自己搬出去住了。当然，他选择了最便宜的地方，地点在维也纳古老的圣米迦勒教堂附近。那是一幢老房子的一个阁楼，房间很小，在里面转个身都不容易，而且屋子里光线昏暗，漏雨又漏风。和海顿一同住在阁楼那一层的，还有一个厨师、一个印刷学徒和一个侍者。

在这个地方，海顿终于有了他渴望已久的安静的学习环境，他还拥有一架被虫蛀了的旧钢琴。他晚年回忆起这段生活时曾说："每当我坐在那架旧钢琴旁边弹奏时，我快乐极了，连最幸福的国王我也不羡慕。"

在这间阁楼里，海顿继续自学音乐。随着对他人作品的熟悉，海顿开始产生了自己作曲的冲动。他在 1750 年初曾写过一部《F大调弥撒曲》，作品虽然有些稚嫩，但中间仍闪烁着天才的光芒。

现在，海顿要开始补充他在乐理知识上的不足。海顿买了几本书，包括法科斯的《对位法进阶》、马提松的《完美指挥》，以及科纳的《数字低音指导》。他仔细研究了这些书，对书中的技巧和理论加以融会贯通，融入自己的创作中。

比这些书更重要的，是海顿发现了菲利普·埃马努埃尔·巴赫（约翰·塞巴斯蒂安·巴赫的第三个儿子）的六首钢琴奏鸣曲，这为他开启了一个新世界。

埃马努埃尔·巴赫的作品对他产生了强烈的吸引力，他已经熟悉音乐上陈腐的术语，如今他发现了使他深受震撼的曲子。海顿后来说道："凡是熟识我的人，一定已经发现，我从埃马努埃尔·巴赫那里学到了很多。我非常用心地去了解和学习他。"事实上，除了莫扎特以外，没有哪一个作曲家比这位巴赫家的大师对海顿影响更深。

虽然菲利普·埃马努埃尔·巴赫使海顿展开了新视野，他仍很自然地维持着他和奥地利古典音乐的密切关联。在1752年，他开始了第一次大胆的尝试。

羽翼渐丰

虽然海顿认为教授音乐只是"一种惨兮兮的糊口的方式"，但是它却在他的事业上扮演了重要的角色。也许海顿的运气好，在那幢老房子的三楼，住的是著名的意大利作家梅塔斯塔齐奥。1730年，梅塔斯塔齐奥获得了哈布斯堡的桂冠诗人的荣誉。除了写诗，他还为亨德尔、格鲁克这样的大作曲家写过脚本。

这位诗人和一位西班牙朋友马丁尼兹全家合住在一间公寓内。马丁尼兹是西班牙教廷大使典礼的大臣，他非常注重两个女儿的教育，大女儿玛丽安娜更是他的掌上明珠。当时，梅塔斯塔齐奥兼任玛丽安娜的文学教师，马丁尼兹也花了很多心思培养女儿在音乐方面的才华。不知什么时候，梅塔斯塔齐奥注意到了海顿。也许是在一个安静的夜晚，海顿弹奏钢琴的声音传到了诗人的耳朵里。总之，梅塔斯塔齐奥把海顿推荐给了玛丽安娜的父亲。海顿开始担任玛丽安娜的钢琴老师。

海顿整整教了玛丽安娜三年，她父亲供应他食宿，以此作为学费。毫无疑问，玛丽安娜是个非常优秀的学生，海顿自己也获益匪浅。

玛丽安娜渐渐长大成人，并成了杰出的钢琴家、歌唱家和作曲家，当选为著名的巴塞罗那爱乐学会的会员，受到特蕾莎女王的赞美，甚至莫扎特也和她合作表演她创作的二重奏。此外，海顿从文雅的梅塔斯塔齐奥身上学到了不少礼仪方面的东西。

给玛丽安娜当老师还有另一个重要收获，就是认识了意大利音乐家尼科洛·波尔波拉。波尔波拉是玛丽安娜的声乐老师。通过和波尔波拉一起教学，海顿学到了不少东西。同时，他也非常谦虚好学，深得波尔波拉的喜欢。几次出去访问演出，波尔波拉都把海顿带上，让他为自己伴奏。

虽然这位性情暴躁的意大利人动辄胡乱骂人，甚至动手，但是他还是经常帮助海顿修改作品，并教他意大利语。三个月后，海顿离开这位音乐大师时，他的歌唱技巧和意大利语都有显著的进步，他的意大利语写得几乎和德文一样好。而且，他学到了作曲的基本精髓。

逐渐地，海顿开始进入维也纳的音乐圈。美丽的图恩伯爵夫人在听到海顿的一首奏鸣曲后非常喜欢，就托朋友向海顿转达了自己的问候，并表示如果海顿方便，可以随时去拜访她。当海顿真的站在她面前时，她吓了一跳。当时的上流社会习惯了以貌取人，难道这个身材矮小、皮肤微黑、脸上有水痘斑痕、小腿短粗的年轻人，就是那首优雅可爱的曲子的创作者吗？但是多看几眼后，伯爵夫人发现海顿天庭饱满，深灰色的眼睛散发出和悦忠厚的光芒，伯爵夫人很快打消了疑虑，不再介意这个年轻人笨拙的举止和破旧的衣服。

当图恩伯爵夫人确定眼前之人就是海顿后，就开始向海顿学习钢琴和声乐。对于海顿来说，这是非常重要的转折点，因为图恩家族和当时许多优秀的音乐家都有联系，他们可以大力提携海顿这个默默无闻的作曲家。

在一次室内音乐会上，海顿结识了热爱音乐的卡尔·芬伯格男爵。男爵邀请海顿到他在万因哲尔的别墅，参加室内乐团的演出。在那个温馨的小城堡里，海顿度过了一段快乐的时光。那里山清水秀，风景十分美丽。

芬伯格的乐队很小，只有四个人，两个小提琴，一个中提琴和一个大提琴，但这是一支小而精的乐队。经过海顿的安排，每一个声部都得到了相当的独立性。在此，海顿写了他第一首弦乐器四重奏，广受赞赏。

从这时起，海顿的生活不断改善，他的知名度也慢慢扩大了，他也提高了教音乐的费用，这并没有把学生吓跑，还有很多人争相邀请他去演奏。尽管每天如此忙碌，海顿还是创造了不少作品。在1755年一年时间里，他就写了17首弦乐四重奏。

1758年，芬伯格男爵将海顿推荐给波西米亚的莫尔辛伯爵。莫尔辛伯爵十分欣赏海顿的才能，聘请他担任自己宫廷的乐长兼作曲家。除了地位，海顿在经济上也向前迈了一大步。莫尔辛伯爵除了免费提供食宿外，每年还发给他200个金币的年薪。

公爵和他美丽的妻子都是酷爱音乐的人，他们拥有自己的乐队，乐队大约16个人，他们夏天在波西米亚演奏，冬季则在维也纳演奏。这项职务为海顿打开了一条路，使他得以在音乐上大步前进。

海顿十分珍惜这份安定的工作，每天从早到晚努力工作。在这里，海顿写下了他平生第一部交响乐。他的《第一交响乐》在1759年演出，莫尔辛伯爵邀请了很多贵族来捧场，包括声名显赫的大贵族保罗·安东·艾斯特哈齐亲王。这次演出博得了如雷的掌声，聚精会神指挥着的海顿根本不知道，他此后30年的命运已经在此刻注定了。保罗·安东·艾斯特哈齐亲王认为，这个叫海顿的年轻作曲家应该名扬四海。

盲目的婚姻

毫无疑问，海顿的不懈努力有了丰硕的收获。在维也纳，他终于获得了一席之地。现在，他总算可以松一口气，认真考虑一下自己的终身大事了。

海顿爱上了自己的学生特丽莎·凯勒。凯勒的哥哥是圣史蒂芬大教堂的一个小提琴手，他的父亲约翰·凯勒是一个假发制造者。显然，海顿没有得到这位小姐的青睐。特丽莎因为家里笃信宗教，后来也去修道院当了修女。海顿为她的加入圣职仪式谱写了一首 E 大调的管风琴协奏曲，这部作品与他在 1756 年所写的《为女王欢呼》，是他现存最早的作品。也许这些早期的作品里有太多的个人情感成分，因此都被他仔细地保存着。

海顿依旧到凯勒家里拜访，当他开始为莫尔辛公爵服务，经济状况大为改善时，约翰·凯勒自然想要把家里的大女儿许配给这位前途无量的年轻艺术家。玛利亚·安娜已经 31 岁了，她完全没有妹妹的美貌。不知道凯勒家是怎样向海顿施加压力的，但是他们成功了，这位作曲家娶了一个最不合适的伴侣当妻子。

海顿的盲目和被动使人大惑不解，因为他有敏锐观察人性的能力。而且有许多事实证明，海顿待人处世很圆滑很有技巧。最大的可能是，海顿和莫扎特一样，由于婚前受到了刺激，所以才会草草结婚。莫扎特曾热恋歌唱家阿蕾西亚·韦伯，却被她抛弃，莫扎特就娶了韦伯的妹妹康斯坦茨。

海顿大概是觉得他需要结婚，既然他不能娶到真正喜欢的人，那么和谁结婚都无所谓了。因此，尽管玛利亚·安娜比他大三岁，长得不好看，不讨人喜欢，对音乐也没有兴趣，在 1760 年 11 月 26 日，他还是和她结婚了。

海顿犯了一个严重的错误，也许是他一生中最大的错误。他希望婚姻为他带来一个安静舒适的家和几个可爱的孩子，他的愿望没有实现。玛利亚·安娜不喜欢操持家务，更不能生孩子。海顿特别讨厌她的奢侈浪费，但是，最使海顿恼火的，就是妻子对他的工作毫不感兴趣。只要有钱花，她并不介意她的丈夫是一位艺术家还是一个补鞋匠。海顿太太对丈夫的劳动一点也不尊重，她甚至会拿丈夫的乐谱手稿做烤蛋糕的衬纸，或者作为卷发纸。

玛利亚·安娜想必也在受着妒火的煎熬，她不能忘记，海顿爱的是她那美丽的妹妹，因为直到1801年，海顿着手写遗嘱时，还念念不忘他的初恋情人。

因此，海顿太太最大的爱好除了想方设法惹丈夫生气，还有就是变着花样花钱。她总是没完没了地找她的丈夫要钱，然后花个一干二净。

毫无疑问，夫妻两人从婚姻中领受的一切，必须有一个发泄的途径。海顿太太只能在教会里寻找到精神寄托，把她的爱和虔敬全心全意地奉献给上帝。海顿则逃到了自己的音乐小天地里，在那里寻找真正的安静。

稳定的生活

繁忙的职务

创作中的海顿

海顿在莫尔辛伯爵那里工作了三年，他们一直相处得很好，直到莫尔辛伯爵自己有了经济困难，决定解散他那开支庞大的乐团。

海顿忽然没有工作了，他不知道下一步该往哪里走。事实上，他完全不用担心。保罗·安东·艾斯特哈齐亲王对海顿印象深刻，当他知道莫尔辛的乐队已经解散，他就邀请他加盟自己的乐队。因为他已经有一位年老的指挥格雷戈尔·维尔纳，所以就聘请海顿担任副指挥。海顿欣然接受了，并跟随保罗·安东亲王来到维也纳东南 50 公里外的艾森施塔特城堡。

在匈牙利，艾斯特哈齐是数一数二的大家族，这个战功显赫的家族拥有许多产业，是匈牙利贵族里最富有的一族（当时的匈牙利受奥地利哈布斯堡王朝统治）。艾斯特哈齐家族对于音乐和艺术的推广和热心，更是有口皆碑。保罗·安东于 1721 年继承了家族的城堡，三年后，他又被封为新一代的艾斯特哈齐亲王。

艾森施塔特城堡是一座富丽堂皇的巴洛克式建筑，四个角落有高耸的塔楼，至少有 200 间贵宾室，以及画满壁画的美丽客厅。城堡里还有一个教堂、一个图书馆以及无数名画。保罗·安东亲王还派人在城堡周围建了美丽的公园，其中有许多人造瀑布、池塘、岩穴和美丽的树。

保罗·安东亲王虽然是武夫出身，却非常喜欢音乐。他自己也多才多艺，精通小提琴和大提琴。他在周游意大利和德国时，搜集了许多乐谱。他建立了一支管弦乐队，这支乐队规模不大，但是非常出色。

保罗·安东亲王招罗了许多优秀的音乐家，其中有杰出的男高音卡尔·佛力巴斯，他后来成为海顿最好的朋友之一。一年以后，女高音安娜·薛佛斯托也加入了。然而，保罗·安东对音乐史最大的贡献，就是他聘请了海顿。他们的合同在 1761 年 5 月 1 日签订，这份合同非常严格和琐碎。这份有趣的文件一直保存在艾斯特哈齐的档案里。

合同的第十一条规定，海顿的年薪为 400 个金币，分四季给付。第十三条规定，合约有效期间至少三年，如果他的工作不够努力，随时会被开除；如果他想提出辞职，必须提前六个月提出申请。

合约里除了基本的职责外，连平时的谈吐和吃饭都作了细致的规定。

海顿的工作包括三种不同的任务，他是一个指挥家，那就是说，他每天要和乐队及歌唱家练习，以及定期演出。如果没有演出，他就得写新的作品，准备近期的演出。此外，他还是一个重要的管理员，得监督乐队纪律、看管乐器、培养新的歌手，以及负责管理音乐图书。

海顿做得面面俱到，非常成功。作为一位作曲家，他超出了艾斯特哈齐亲王的期望；身为一位指挥，他的小提琴和钢琴的演奏技巧也是出类拔萃的。

海顿监督抄谱者的工作，有时甚至亲自动手，据说他喜欢为自己的钢琴调音。海顿的工作绝不是轻松的，他常常要作中间人，调解音乐家们的纷争，有时候还要劝说亲王不要开除触怒了他的音乐家。作为一个人事总管，海顿表现出他天赋的圆滑和通情达理，这是其他大作曲家所缺少的技巧（大家都记得，亨德尔和歌剧团的人打架，而巴赫则在莱比锡进退维谷）。

我们现在应该明白，为什么海顿手下的音乐家们都敬爱他，称呼他为"海顿爸爸"。但是，海顿绝不是一个糊里糊涂的老好人。虽然他会尽最大的努力，为偶尔犯错的团员求情，但是对于音乐演出，他却一点儿也不马虎。有一次，他无法前往史瓦特尔修道院指挥他的作品《欢呼》的预排，他就详细地写下指示。这些指示清晰地显示出，他坚持在每一个细节上做到干净利落和准确的程度，也指出了音乐家们可能犯的各种错误，提醒他们注意。

海顿会在每天12点以前穿着打扮好，穿上绣金花背心、白色长筒裤袜，头戴假发或梳辫子，恭候在客厅里，等待亲王安排当天的音乐活动。在创作上，他不能表达自己的想法，每写一个音符，都要完全顺从亲王的命令。听主人的吩咐作曲，是海顿那个时代每个音乐家的本分。艾斯特哈齐亲王曾说过，皇帝能做什么，他就能做什么，他确实有这样高的地位。对于刚从贫穷的深渊中爬出来的海顿来说，等待如此显赫的人发布命令，并不算是什么屈辱。

合约中唯一使作曲家觉得不公平的，就是他所作的所有曲子，都属于艾斯特哈齐亲王私人所有，任何人不得转抄对外。好在艾斯哈特齐的几任亲王都比较大度，这一条款并没有严格执行，因为在海顿任职后不久，他的作品就开始流传在艾森施塔特城之外。后来，海顿又将自己的曲子卖给出版商，得到源源不断、日渐增多的收入。海顿初抵艾森施塔特城时，艾斯特哈齐的乐团还相当小，但是不久之后，许多优秀的音乐家都加入了，其中包括杰出的小提琴家鲁吉·托马西尼，以及大提琴家约瑟夫·伟格尔。这两位不满20岁的艺术家，加上海顿这位新指挥，为艾森施塔特城堡的音乐带来了新鲜的气息，这使得老指挥格雷戈尔·韦尔纳心里非常不满。

老韦尔纳是一位保守的音乐家，他已经在亲王家里服务了 32 年。虽然他已经到了退休年龄，但是亲王为了表彰他所作出的贡献，保留了他乐长的职位。这个职位是象征意义的，许多事情实际上都是海顿在做。

韦尔纳擅长的是复调式的圣乐（在维也纳，人们称这种音乐是"高贵却沉闷的"），他的作品需要演奏者具有杰出却吃力不讨好的音乐技巧。如此一位执着于旧时代的音乐家认为，凡是新的东西，都是堕落的象征。对于海顿的音乐，韦尔纳终日冷嘲热讽，他称呼这个年轻人是一个"游手好闲的花花公子"，或者"低级的小作曲家"。可是，他却眼睁睁地看见这个副指挥享有极高的待遇。海顿的年俸在他就职满一年以后，就涨到了 600 个金币，而韦尔纳干了一辈子，薪水只有 428 个金币。这个老人心里日渐积满了怨恨。

艾斯特哈齐家族的文件档案中，保存了一封韦尔纳在 1765 年 10 月写给亲王的信，他在心中抱怨年轻的海顿做事疏忽，请求亲王下最严格的命令来矫正他。因此，亲王发布了相当不客气的"艾森施塔特城音乐团规则"，责备海顿"没有好好地约束音乐家们，导致他们懒散怠惰"，同时命令他"此后要更努力地作曲"。然而没过多久，海顿的主人就改变了态度。在 1766 年 1 月 4 日，亲王吩咐他的总管，付给海顿 12 个金币，作为他新作的三首曲子的赏金。

韦尔纳发现他的告状无力挽回局势，他只能尽可能地和宫廷疏远，集中精力创作圣乐。在他生命的最后几年，他写了大量的弥撒曲、清唱剧、安魂曲以及其他教堂音乐作品。

海顿对这位老音乐家始终保持着发自内心的尊敬。在韦尔纳死后许多年，这位当年被他讥为"低级的小作曲家"的声誉已经如日中天。"出于对这位著名的大师的尊敬"，海顿还把韦尔纳的六首赋格曲改编成弦乐四重奏，交给别人出版。

伊沙哈哲城堡

海顿到艾森施塔特城堡不到一年，他的雇主保罗·安东就去世了，亲王的弟弟尼古拉斯继承了哥哥的遗产，包括他的乐队。尼古拉斯亲王对海顿非常信任。此后几乎有 30 年之久，海顿和他形影不离，合作无间，直到 1790 年尼古拉斯去世。

海顿的新主人被人称为"华贵亲王"，因为他平时总穿得很华丽，而且喜欢排场。尼古拉亲王慷慨、仁慈，又真正了解音乐，是一个理想的主人。

1762 年 5 月 17 日，尼古拉斯亲王气派非凡地入主艾森施塔特城堡，城堡里开展了各式各样、多彩多姿的欢庆活动。为这个日子，海顿专门作了一出意大利歌剧。为了表演这出歌剧，他特地在城堡的大厅搭了特别的舞台，由一位画家负责装饰的工作。更壮观的场面是在 1763 年，尼古拉斯亲王的儿子和尔杜蒂女伯爵的结婚庆典。婚礼中嘉宾如云，车水马龙，海顿为婚礼写了一部田园芭蕾舞曲。

第二年，亲王必须出席在法兰克福所举行的皇帝加冕庆典。尼古拉斯——名副其实的"华贵亲王"——在一条大街上安排了像"神话般"的彩灯，以庆祝这件大事，着实使别的使节自叹不知。尼古拉斯亲王到法兰克福以前，先去了巴黎，他参观了富丽堂皇的凡尔赛宫。看到法国国王能在这样的宫殿里生活，富有想象力的尼古拉斯亲王非常不服气，回到家后，他决定在匈牙利修建一个自己的"凡尔赛宫"。

尼古拉斯亲王从法国回来后，就开始大兴土木。新建筑的城堡是典型的 18 世纪产品，具有明显的法国文艺复兴时期的风格。它反映了那个时代贵族们的生活态度。

"华贵亲王"尼古拉斯下定决心和法国皇帝一比高下。在选择别墅地点时，他却找到一个使修建工作难以进行的地方。艾斯特哈齐家族在新锡德尔湖东边拥有一个狩猎营地（该地当时属匈牙利，1918 年以后被划入奥地利），这里沼泽遍布，与世隔绝，放眼望去，到处是烂泥，各种蚊蚋滋生。尼古拉斯以陆军副元帅的身份从奥地利军队退役以后，就住在这里。当他继承他哥哥的职位，担任艾斯特哈齐的统治者时，他就决定在这个地方建立起他的"凡尔赛宫"。

虽然这个地方不适合建造宫殿，但是尼古拉斯亲王是个说一不二的人。或许是他对早期生活怀有比较深厚的感情，使他下定决心要克服最恶劣的自然环境。因此，他动员了许多工人，清沼泽、挖运河、建造大水坝。在耗费了大约 1100 万金币，经过重重困难后，伊沙哈哲城堡终于完成。

新的城堡雄伟壮丽，四周绿树成荫，岩穴幽深，隐隐露出殿堂的楼宇。花园内繁花似锦，苑中鹿鸣呦呦。

每一个门口都站有侍卫，共有 150 位气宇轩昂、训练有素的青年。他们的制服是深蓝而带有红口袋和翻领的上衣、白色领带、白色背心和长裤，还有黑色的熊皮帽和黄的帽檐。

亲王盖了两座剧院，一座歌剧院，一座木偶剧院。

华丽辉煌的歌剧院就耸立在一片野栗树的树林中，楼上两旁的包厢连接着可爱的房间，大多数房间都装有豪华的壁炉、长沙发椅、镜子和挂钟，戏院足以容纳 400 个观众。每天下午 6 点，剧院轮流演出意大利的庄重歌剧、诙谐剧或德国的喜剧，亲王经常亲莅观赏。音乐清脆悦耳，使人如醉如痴，因为伟大的作曲家海顿先生亲自在指挥。观众也为千变万化的灯光及完美的舞台布景而折服。"华贵亲王"尼古拉斯的确是实至名归了。著名作家李斯贝克在《旅行的法国人书简》中写道："在法国，除了凡尔赛宫以外，也许没有其他地方可以和伊沙哈哲城堡相媲美。"

对于尼古拉斯来说，伊沙哈哲城堡绝非他一时心血来潮的作品。亲王最初只打算把伊沙哈哲当作夏天避暑之地，后来，他每年的大部分时间都住在那里。运河开凿以后，并没有改变令人不舒服的潮湿天气，但这似乎不影响尼古拉斯亲王对它的钟爱。艾森施塔特城的环境虽然更有益于健康，且有更多的自然美景，却因新城堡而完全被冷落了。亲王只在冬天回到旧城堡作短暂停留，然后再到维也纳，但是春天一到，他马上会回到他心爱的新城堡。使海顿极不舒服的恼人而阴魂不散的北风，好像也没有使亲王觉得有什么不舒服。然而，对海顿来说，只要尼古拉斯亲王能够经常在伊沙哈哲举办一些活动，而且欣赏在那里的音乐和戏剧演出，那他就是最好的主人和最善于待客的东道主。

一流的乐队

1766 年，韦尔纳去世后，海顿接替他担任正指挥，此后，他经常招罗最优秀的歌唱家，他们中大多数人都来自意大利，或者至少是由意大利的大师训练出来的。交响乐团由约 20 位演奏者组成。虽然人数不多，但是他们精湛的技艺弥补了这个缺陷。海顿认真地遴选，只招收最有前途的音乐家。亲王以雄厚的财力支持海顿。亲王所给的报酬，比维也纳皇宫给的还要高，足以挽留一流的人才。

音乐界人士都知道，伊沙哈哲城堡的合唱团有高超的艺术水平。1778 年，《哥瑟戏剧评论》写道："海顿属下的交响乐团有 20 位音乐家，大部分都是可以独当一面的大师，因此，它是维也纳乃至全国举足轻重的乐团。"

尼古拉斯亲王从不会使这些重金礼聘的音乐家和艺术家闲着，除了每周两次的演奏会以外，在尼古拉斯亲王的府邸还有室内乐，他本人也经常参加演出。

亲王酷爱中音提琴，那是一种现在已经不流行、类似古大提琴的乐器。这种中音提琴最难演奏，且很少有人使用，这也许就是雄心勃勃的亲王喜欢它的原因。海顿不得不经常专门为他量身定做一些乐曲。时间久了，海顿也想学学这种乐器，他觉得这样可以和亲王有更多的共同语言。为了给亲王一个意外的惊喜，海顿便偷偷地练习拉中音提琴，当他终于学会了，并兴高采烈地带着提琴登台演奏时，亲王的反应却是冷冰冰的。海顿恍然大悟，原来亲王喜欢一枝独秀，他可不喜欢多一个会拉中音提琴的对手。此后海顿再没有摸过中音提琴，但是他一直都在为亲王创作中音提琴作品，数量居然有 175 首之多。

日常的音乐活动往往会被一些贵宾的来访而打扰，这些访问，多半都是为期三天，其中会有音乐会、戏剧和傀儡戏的表演，以及盛大的舞会和狩猎，而为贵宾演出的特别节目往往又要花很多时间筹划。尤其是女王玛丽娅·特蕾莎在 1773 年的访问。

女王莅临时，亲王派出 15 辆豪华马车护驾，虽然女王早已看惯她皇宫中美丽的法国式公园，当她看见伊沙哈哲城堡园林的奇观时，仍然赞不绝口。晚上，城堡里演出的是海顿的滑稽歌剧，女王看完后大为感动，她说："如果我想要欣赏好的歌剧，我就要到伊沙哈哲。"这句话不久就传遍了维也纳。

歌剧演出以后，接下来就是在大厅里举行的化装舞会，女王被引进中国式的建筑，那里四周的墙上镶满镜子，映照着无数的琉璃灯和蜡烛，金碧辉煌。亲王的交响乐团穿着盛装坐在舞台上，由海顿指挥，演奏他的新作品《C大调第48号交响曲》以及其他乐曲。演出结束后，女王回到她的行宫休息，她的侍从仍通宵达旦地享受化装舞会。

第二天，亲王举行了一个盛大的宴会，席中，交响乐团的高手施展他们的绝技。中午，女王在傀儡戏院观赏海顿的歌剧《菲力门和波西斯》。到了晚上，这群显赫的贵宾又欣赏了专门设计的烟火。烟火的种类繁多，光耀夺目，超出想象。接着，亲王带领大家来到一个广袤的空场地，上面挂着五光十色的灯。突然间，大约1000个穿着美丽的匈牙利服装的农民出现了，音乐一响，他们开始随着民俗音乐载歌载舞。

第三天早晨，女王分赠贵重的礼物后便回去了，海顿得到了一个珍贵的金鼻烟盒，里面装满了金币。在女王停留期间，他不仅表现出了一个杰出音乐家的才华，而且在打猎中，他还成功地一枪射中三只松鸡，女王很高兴地在餐桌上享用了美味的鸡肉。

像这样的活动，每年至少会举行一次，海顿的歌剧大多数都是为这些场合而作的。

声誉日隆

尽管音乐家们在他们敬爱的"海顿爸爸"的领导下，工作得很有趣，也得到了优厚的待遇，他们却经常很沮丧，因为他们要一直待在伊沙哈哲，直到深秋以后，才能与家人团聚。1772 年，亲王发布了一道严格的命令，不准音乐家带妻子儿女到伊沙哈哲，只有海顿、佛里伯斯、狄克特勒和汤马西尼例外。亲王为海顿留了三间房子，而普通的音乐家，通常必须两个人合住一间。亲王付给已婚的成员们额外的 50 个金币，作为维持家庭的津贴，他觉得这么做已经很仁慈了，却一点儿也不考虑乐手们一年到头离家在外的心情。

尼古拉斯亲王性情古怪，许多贵族都喜欢到维也纳过冬，并趁机炫耀一下他们无可匹敌的财富，但是尼古拉斯一点也不喜欢维也纳。每次去维也纳，他也只是待几天就回来了。在他眼里，哪儿也没有伊沙哈哲舒服。有时候，他甚至一个冬天都待在伊沙哈哲。只要他在这里，乐队的成员也得陪着他。

伊沙哈哲本来就是个偏僻之地，气候潮湿，到了冬天，会更加阴冷。远离家人的音乐家们长期生活在这里，都极不适应。1772 年 10 月，眼见北风狂吹，冬天逼近，亲王却一点也没有回维也纳过冬的打算。一想到圣诞节不能回家看望妻子儿女，大家都非常沮丧。因为海顿是乐长，又深得亲王器重，大家便找到海顿，让他想想办法。

海顿苦思冥想很久，终于想出了一个办法，这就促成了《告别交响曲》（即《升 F 小调第 45 号交响曲》）的诞生。

这一天，乐队为亲王演奏《第 45 号交响曲》。进行到第四乐章结尾时，作品突然进入一个慢速的柔板段落，整个作品的情绪与前面大相径庭。乐师们演奏完自己的段落后，就熄灭蜡烛悄悄离开了。台上的演员越来越少，最后只剩下指挥和首席。看到这些情景，尼古拉斯亲王马上明白了大家的意思。他对海顿说："我明白你们的想法了，请你转告大家，明天咱们就出发。"

1775 年，海顿在奥地利首都维也纳举行演奏会，为一个慈善机构募集资金。为了这次表演，海顿从艾斯特哈齐城堡带来三位歌唱家，还有汤马西尼和马特犹。这是海顿第一次在大众面前演奏。演奏会大获成功，听众如醉如痴，除去开支以外，还净赚了 2000 个金币，作为慈善之用。

尽管海顿声名远播，但在维也纳，并非人人都对他交口称赞。有些人嫉妒他的卓越成就，也有些人不了解他的风格，于是群起反对他。玛丽娅·特蕾莎女王的继承人约瑟夫二世也公开反对他。他认为海顿的音乐只是"无聊的小把戏"，因此，海顿在维也纳宫廷并不受欢迎。

1776 年，费迪南德大公从伊沙哈哲回到维也纳后，对海顿的才能赞不绝口，于是海顿被邀请为维也纳写歌剧。海顿欣然答应了，可是当他到维也纳和歌唱家们一起预排时，有许多人不跟他合作，海顿拂袖而去，决定不再去这个是非之地。

这样的事情发生得多了，海顿越发为他在伊沙哈哲的顺利发展感到庆幸。他经常对人说："亲王永远对我的工作满意，我从他那里不仅得到了认可和鼓励,而且作为一个乐团指挥,我可以随意作实验,观察什么能产生好效果,什么会使效果减弱。虽然我与世隔绝,但是我没有束缚,我被鞭策着成为一个创新者。"

创作歌剧

从 1775 年开始,海顿的责任逐渐增加。此时,在伊沙哈哲举行的艺术活动有了重大改变,影响了海顿的责任。在这以前,亲王的剧院主要是给旅行的话剧团演出,现在他决定提高歌剧的地位。前几年,歌剧只在特别的节庆时才演出,编曲的工作由海顿来负责,现在,亲王要请著名的当代作曲家们编写许多意大利歌剧。他还买了相当多的意大利歌剧曲谱,又聘请了新的歌唱家。海顿虽然不必再为他的主人作新的中音提琴曲谱,却要每周指挥两次歌剧。

这些改变自有原因,其中最重要的原因是,在经过几年的停滞后,意大利歌剧又受到了重视,尤其在维也纳皇宫里。此外,尼古拉斯现在显然对演奏中音提琴不太感兴趣了,他情愿将时间花在欣赏歌剧上面。

一般的歌剧只用弦乐器,海顿却喜欢加强第二小提琴和中音小提琴,并且要加上双簧管和号角等吹奏乐器,以增润歌剧的韵味。伊沙哈哲没有合唱队,如果合唱的部分不能由一群独唱者合作演出，它们就必须被省略。此外，海顿毫不犹豫地大幅缩短了大部分表演的歌剧。如果他觉得乐曲过长，他甚至会改变它的形式。海顿也会去改变音乐的速度，他习惯改变缓慢的乐章，譬如说，他把"甚缓板"改为"流畅的行板"，有一次甚至把"庄严的行板"变为"活泼的快板"。此外，他偶尔也会省略错综复杂的花腔过门。

不知道这许多删节和节拍的加速，是海顿自己的偏好，还是亲王本人的意思。不过，大概海顿自己也不喜欢意大利庄严歌剧里的那种空洞和冗长的表演吧。

无论如何，每一次演出，都需要做许多周密的准备工作，因此，有很多额外的责任加到了海顿身上。艾斯特哈齐亲王也了解海顿日益繁重的工作，因此他和海顿重新签订条约，提高了海顿的待遇。合约中最重要的就是取消了旧条款中所谓"海顿的全部作品，完全属于亲王私人所有"的规定。虽然海顿早就成功地不受旧条款的约束，他仍很高兴，因为新的合约给了他更崇高的地位。

不可否认的是，海顿的工作为他在音乐方面的成就提供了不少机会。对于像莫扎特这样的音乐家来说，日复一日的单调生活和缺少任何消遣的工作是不能忍受的，但是这种工作却帮助海顿发现了自我。在伊沙哈哲，他从未被剥夺知识上和艺术上的刺激，例如，巡回的戏剧团体会表演歌德、莱辛和莎士比亚的作品。莎士比亚的作品在当时仍是稀世珍品，因此，伊沙哈哲的与世隔绝并没有使海顿远离当时伟大的精神和艺术活动。事实上，这段时间恰恰显示出海顿对于当时艺术潮流的敏锐洞察力。

1779 年，艾斯特哈齐亲王聘请了意大利小提琴家安东尼奥·波尔切利和他的妻子露吉亚。但是他们两个人的表现都不太令人满意，做丈夫的身体很差，经常不能完成任务。他的妻子虽然经过海顿的特别指导，还是只能担任一些小角色。他们的薪水和别人相比也很少，每人年薪 465 个金币。而其他人，像歌唱家马西达·波隆纳年薪 1000 个金币。但是亲王觉得，这对夫妇的表现连这些钱都不值。他们的合约在 1780 年年底到期，但是亲王在合约到期之前就告诉他们，他不再需要他们继续服务下去了。尽管如此，露吉亚仍然待在乐队里领薪水。亲王不再坚持他的意思，因为他知道，如果要使海顿心平气和，他就必须睁一只眼闭一只眼，让露吉亚·波尔切利继续待在合唱团。

这位女歌手只有 19 岁，比海顿整整小了 28 岁，她和老迈体弱的安东尼奥的婚姻并不美满。露吉亚的到来激起了海顿心中的涟漪。海顿是一个感情丰富细腻的人，由于婚姻生活的不幸，他无法从婚姻中得到安慰。这位年轻歌者的孤苦无助，激起了海顿的保护本能。过了不久，他的同情就滋长为深厚的热情。然而，海顿是一个道德感很强的人，露吉亚也很理性。他们都不能脱离现在的婚姻，所以很多年里，他们都只能把各自的感情埋在心里。海顿曾答应过露吉亚，只有当他的妻子死去后，他才可以娶她为妻。

结识莫扎特

天才莫扎特

虽然海顿的歌剧作品也很完美，但是比起他的其他作品，他的歌剧总是略逊一筹。因为他天性乐观，所以他的歌剧缺少曲折的情节，舞台效果不是很好。海顿在很长时间都没有看清这一点，直到他认识了一位年轻的音乐家，他才发现，自己并不适合写歌剧。这个年轻的音乐家就是莫扎特。1781年6月，莫扎特辞去了宫廷的职位，成为欧洲历史上第一位公开摆脱宫廷束缚的音乐家。在当时的社会条件下，这种举动无疑极其大胆而英勇。因为，这意味着艰辛、饥饿，甚至死亡。

我们很难想象有比这两位伟大的音乐家的性格更南辕北

辙的两个人。

莫扎特是个音乐天才，在他很小的时候，就已经非常有名了，然而海顿的进步却和蜗牛一样慢。事实上，海顿在36岁的时候，几乎没有写出任何重要的作品。莫扎特在36岁的时候已经去世，并留下了大量辉煌的作品。莫扎特是那种典型的艺术家，他的情绪变化得极快，从兴高采烈到郁郁寡欢，从暴怒到温柔，都只是一瞬间的事。海顿的性格却相当稳定，大部分时间都安静欢愉，极有幽默感。

莫扎特是一位天生的作曲家，在钢琴和小提琴上造诣都很深，也是一个很成功的表演者。海顿作为舞台上的作曲家，天赋有限，他喜欢不引人注意地指挥他自己的作品，他个人并不想获得太多荣誉。

也许这两位天才的不同点使他们彼此相吸引。海顿非常喜欢莫扎特直爽的性格，而莫扎特也欣赏海顿的稳健和温暖所带来的安全感。

但是对他们两个人来说，他们在艺术上的互补，远比他们私人友谊来得重要。他们第一次见面是在维也纳的一次音乐会上。那时候，海顿49岁，莫扎特25岁，一个是厚积薄发的老作曲家，一个是少年成名的年轻大师，他们身上都有彼此可以学习的东西。海顿每次到维也纳，都快乐地聆听在莫扎特家举行的室内乐表演。

1785年，莫扎特的父亲利奥波德从家乡前往维也纳探望他的儿子，他和莫扎特以及两位男爵演奏莫扎特的新弦乐四重奏给海顿听。演奏完毕后，海顿把莫扎特的父亲拉到一旁说："当着上帝的面，作为一个诚实的人，我要告诉你，就我所知，你的儿子是最伟大的作曲家。他不仅具有鉴赏力，同时也具有最丰富的作曲知识。"莫扎特听到这些赞美后，谦虚地说，他完全是从海顿那里学会了如何写弦乐四重奏。

后来，为了表达他对海顿的敬意，莫扎特创作了六部著名的弦乐四重奏，献给海顿。据莫扎特自己说，这六首曲子是他"很长时间辛勤劳动的成果"。他一生绝少用这样的口吻谈到他创作的甘苦，这回是一个例外。我们从莫扎特手稿的多次修改就可以看出他创作中的艰辛和一丝不苟。除此之外，他也不容许任何人在他面前说海顿的不是。有一次，维也纳宫廷钢琴老师里奥波·库吉鲁克在听到海顿在一首四重奏中的一段大胆尝试后，有些藐视地说："如果是我，我绝不会这么写。"莫扎特立刻回答说："当然，我也不会这么写，因为你和我都不会有这么杰出的构想。先生，即使把我们两个人加在一起，也比不上一个海顿。"

海顿对莫扎特的态度也是一样，《唐璜》在维也纳首次公演以后，有人在他面前批评莫扎特，他大声说道："我不打算反对你们，可是我非常确定的是，莫扎特是当今世界上最伟大的音乐家。"莫扎特在一首C大调的四重奏中，大胆地打破了和声规则，有一些人对此颇有微词。海顿尖锐地回答说："莫扎特会这么写，一定有他的理由。"

由于恃才傲物，莫扎特得罪了很多贵族和同行，也经常受到排挤。对此，海顿颇为不平，他曾经写道："每次我想到这位无与伦比的莫扎特还没有接到任何宫廷的邀请，心里就愤愤不平。我对莫扎特那独一无二的音乐有着深切的理解和欣赏，我只希望我的每一位朋友，特别是大人物，都能跟我有同样的感受。"作为莫扎特的朋友，海顿只要有机会，马上就会想到推荐莫扎特。

海顿在和阿塔里亚出版社打交道时，经常吹嘘他的歌剧，1781 年 5 月 27 日，他在谈到他的歌剧《善有善报》时说道："我郑重地向诸位保证，这种作品，在巴黎甚至在维也纳，都不曾有人听到过。"1784 年 3 月 1 日，海顿写道："昨天，我的《阿米达》第二次演出，博得满堂彩，他们说那是我迄今为止最好的作品。"但是当海顿熟悉了莫扎特的《费加罗的婚礼》《女人心》和《唐璜》以后，海顿开始以新的眼光来打量他自己在这方面的成就。

1787 年 12 月，一位名叫罗司的慕名者，从捷克首都布拉格赶到维也纳，要求海顿为捷克人民写一出歌剧，海顿回答道："如果你想要我为你个人写一首歌来唱，我非常愿意效劳。但是，如果你想用那些音乐在布拉格上演，就恕难从命了。因为，即使我有荣幸作一出歌剧来，那也是在冒险，因为在这方面，没有人可以和伟大的莫扎特相比。

"但愿我能向每一位音乐界的朋友，尤其是那些大人物推荐莫扎特，以及他那举世无双的艺术。他的深度、他的感情之博大，以及独特的音乐观念，都使我深深感动。如果我们都能理解莫扎特的音乐，到时候我们就会争着抢着把这颗明珠留在自己的地盘上。布拉格应该努力罗致这位人才，而且要给他重酬。如果没有这种支持，历史上的天才势必非常悲哀，许多有前途的后起之秀也无法得到真正的发展。"

海顿的这番话，证明了他多么关心莫扎特的前途。他情愿贬低自己的成就，使莫扎特的天才不至于被埋没。这也可以看出海顿胸襟的开阔，和为人处世的谦虚态度。

巨大的影响力

海顿在伊沙哈哲工作时，就已获得举世推崇的声名。在整个欧洲，几乎没有一个爱好音乐的人不知道或不赞美海顿的作品。

1779 年，西班牙诗人利亚特在他的诗中，大力推崇海顿的音乐。两年后，西班牙国王查理三世送给海顿一个金鼻烟盒和许多钻石。西班牙的公使专程到伊沙哈哲，将国王的礼物交给海顿，表达国王对海顿音乐的无上尊敬。这种赠送时的郑重态度和庄严仪式使海顿和他那好胜的主人感到非常欣慰。

1786 年，西班牙加底斯教堂主教找到海顿，委托他为耶稣受难日写一部作品。耶稣在被钉上十字架之前，曾说了七句话，主要是根据这七句话写七段音乐，然后合成一部完整的作品。在这种情况下，《十架七言》诞生了。这部作品很快就风靡了欧洲，不久就在各国上演并印成曲谱。西班牙的教会使用传统的方法致赠酬金。加底斯城送给海顿一个小盒子，他打开一看，里面是一个巧克力蛋糕，切开来后，才发现里头塞满了金条。

法国和它的邻国西班牙一样，也赞赏海顿的音乐。1781年，海顿写信给他在维也纳的出版人亚塔里亚说：

> 法国爱乐协会的主持人里格罗斯先生写信给我，极力夸奖我的《圣母悼歌》，它们在巴黎上演了四次，得到了好评。他很惊异，我为歌唱部分作的曲如此地讨人喜欢。因此他要求我允许他出版，他愿意为我出版我以后的作品，条件非常优厚。

1784年，奥林匹克音乐会乐团邀请海顿为他们写六首交响乐，这就是著名的《巴黎交响乐》。这些作品的空前成功，促使社团的主持人又邀请海顿写了三首交响乐。

1781年，著名的小提琴制造者威廉·佛斯特请求英国驻维也纳大使帮忙，向海顿征求作品，因为他刚成立了一个出版公司，想出版海顿的作品。大使不负所托，六年内，佛斯特出版了一百多部海顿的作品，其中有82首交响乐，佛斯特付给海顿的报酬也相当优厚。1783年，职业音乐会成立时，英国的阿宾顿爵士想要礼聘海顿担任领导人，但是海顿拒绝了，因为这需要他放弃他的职务，他知道他的主人不会允许他离开。

海顿虽然无法接受伦敦的邀请，却常常在心里计划这件事。1787年4月8日，海顿写信给在伦敦的佛斯特，告诉他，希望年底时能和他见面。同年的7月19日，海顿向伦敦的歌剧团经理人约翰·格里尼提出他前往伦敦的大致条件。

一位特别有冲劲的出版商约翰·布兰德不辞辛劳地从伦敦旅行到伊沙哈哲，希望能得到海顿的新作，并鼓励海顿访问英国。海顿给布兰德两部作品，一部是清唱剧《Ariannaa Naxos》，另一部是弦乐四重奏作品第55号之二。关于第二部作品，布兰德讲了一个有趣的故事。他说，当他访问海顿时，这位大师正用相当钝的刀片刮胡子，他边刮边喊："我要用我最好的四重奏，交换一片好刀片。"布兰德马上回到他自己的房间，拿出他最好的一包刀片。海顿非常高兴，很慎重地履行了诺言，因此这部作品得了"刮胡刀四重奏"的特别绰号。事实证明，"刮胡刀四重奏"的确是他最好的作品之一。

不仅英国，在意大利，海顿也是许多人喜欢的对象。1780年，莫登纳的爱乐协会推选海顿为会员，使维也纳的爱乐协会很失面子。1786年，酷爱音乐的拿坡里国王费迪南德四世请海顿为他最喜欢的乐器配几首协奏曲。海顿写的作品他非常喜欢，因此他极力邀请海顿去他的宫廷拜访。海顿在一封写给佛斯特的信上说道："我虽然很希望能在年底和你见面，但是直到现在，我还没有得到克拉莫先生（伦敦的音乐经纪人）的回音，因此，我决定今年冬天去拿坡里一趟。"

欧洲各国的贵族都开始对出身贫寒的海顿宠遇有加。普鲁士的国王威廉二世是一位杰出的大提琴演奏家，在收到了海顿赠送的《巴黎交响乐》曲谱后，也回赠了一枚价值300金币的名贵钻石戒指。海顿很喜欢这个礼物，便把弦乐四重奏第50号作品献给他，以示感激。后来。每当海顿作曲时，总习惯戴上这枚戒指。俄国的公爵夫人玛利亚·费多罗娜也是海顿的崇拜者，她后来成为了俄国的皇后。1782年，当她访问维也纳时，也向海顿学艺。1805年，她送给海顿一枚贵重的戒指，感谢他为她谱的新歌。

这些贵重的赠送自然使海顿感到快慰，但是他的名声并没有令他得意忘形，他仍然像以前一样和蔼、单纯、亲切。他也从未忘记自己卑微的出身。有一次海顿向朋友提到："我常和一些重要人物交往，他们也说了很多夸奖我的话。尽管如此，我还是不喜欢和这些人交往过密，我更喜欢和与我同样身份的人在一起。"

很自然地，维也纳不可避免地受到了世界音乐形势的影响。维也纳的阿塔里亚出版公司和海顿有密切的生意关系，因此，他们开始大力推广海顿。1781年，当这家出版公司印行当代伟人的图片时，里面也包括了由约翰·曼斯斐画的海顿肖像。

在维也纳的圈子里，有些人仍然不欢迎海顿，但是，海顿在维也纳的朋友却越来越多。他们大多数是较低层的贵族阶级，以及富有的中产阶级。随着国家形势的改变，这些阶层的人在奥地利的音乐生活中的角色也日渐重要起来。

其中包括了高级官员弗朗茨·范·基思，他经常在家里指挥业余音乐家演奏管弦乐。

另一位朋友是何佛雷特·格莱纳，他为海顿的歌曲选择素材。此外，海顿喜欢拜访英意混血的作曲家史蒂芬·史托瑞斯，他当时住在维也纳，他的妹妹南施美丽而又才华横溢，在莫扎特的新剧《费加罗的婚礼》中扮演苏珊娜的角色。

一位爱好音乐的商人约翰·普克伯，他是莫扎特终生不渝的朋友，也帮助海顿处理金钱事务。

在维也纳，除了莫扎特家以外，可能没有其他任何一个地方比根辛格的家更吸引海顿。他是一位非常成功的医生，曾担任艾斯特哈齐亲王的私人医生多年。他美丽的妻子玛丽安娜是一位杰出的歌唱家和钢琴家。每逢星期天，维也纳的音乐界名流总习惯性地聚集在根辛格的家里，表演最好的音乐。海顿每次到维也纳就参加这些聚会，在那里，海顿似乎找到一个理想的环境，一个舒适而温馨的家，一个极有教养的女人，她对海顿的每一件作品都非常感兴趣，同时，她是一个非常周到的女主人，她为海顿准备他喜欢的菜肴。她的小孩也是堪造就的音乐人才。

根辛格的家带给海顿不少慰藉，这是他自己的婚姻生活中所缺少的。他沐浴在这种温馨的气氛下，每当回到伊沙哈哲，就更加觉得形影孤单。

在海顿留下的私人文件中，可能没有比他写给玛丽安娜的更重要了。海顿总觉得自己很难摆脱浮华而拘谨的文体，只有在写信给玛丽安娜时，他那些话才像是从自己心里蹦出来的，随意而自然。在 1790 年 2 月 9 日的信中，海顿写道：

最尊敬和最仁慈的根辛格夫人：

我回到伊沙哈哲后，因为失去了在维也纳那般的宠遇，三天里体重就减轻了五六公斤。在伊沙哈哲，没有人问我："亲爱的海顿，你还喜欢吃些什么东西？你喜欢香草冰淇淋，还是草莓冰淇淋？你的牛奶里面要不要加巧克力？你的咖啡里要不要加牛奶？"

我老是自言自语地叹息着，因为我在这里只能吃老羊肉加萝卜，而不是滑嫩的肉丸子；只能吃老掉牙的牛肉，而不是您做的可口牛排；我吃不到您做的点心和多汁的橘子，只能吃匈牙利色拉和苹果油炸饼，真是难过极了。我恨不得现在能有一块好的奶酪，帮助我吞下黑色的布丁！我刚吩咐用人，让他为我去买几磅来。我对自己说："我在此获得的招待，只要能有在维也纳时的万分之一，我就心满意足了。"亲爱的女士，请原谅我写了这么长的一封信，害您花这么长时间去读，而且信里净是些愚蠢无聊的话。您必须原谅我，我被维也纳宠坏了。

现在，我开始渐渐地习惯乡间的生活，昨天是我第一次预演排练，还不错。

我再一次亲吻您的手，感谢您赐给的礼遇，对于您的敬爱，我一辈子都不会改变。

海顿敬上

1778 年，海顿曾骄傲地谈到他的地位："我希望一生一世都为伟大的艾斯特哈齐亲王服务，担任他的乐团指挥。"但是现在，他写道："我命中注定要待在这里。阁下确实不能理解我失去的是什么。我是一个可怜的人，一直在做奴隶，这的确令人难过，但这是上帝的安排。"显然，海顿已经开始对伊沙哈哲的生活不满意了。

他和他的妻子早已分居，这么多年，他已经习惯于背负他不快乐的婚姻生活，他的渐增的忧郁和不满足，都是归于这个理由。

海顿向往维也纳是很自然的事。在那里，他可以和一大群才华横溢的音乐家切磋，激发灵感，他还能得到玛丽安娜的同情。此外，从世界各地寄来的邀请函，对他也是一种诱惑，使这位音乐大师跃跃欲试。

海顿渴望改变，渴望新工作和新经验。他敏锐地感觉到，他身上仍蕴藏着巨大的创造潜力。只有当他脱离 30 年来一成不变的生活时，这种潜能才能爆发出来。

独立音乐人

认识萨洛蒙

海顿画像

1790 年春夏，当海顿还在写那些"忧郁的信"时，根本没想到，伊沙哈哲凄凉单调的生活不久之后就将成为一个回忆。

那年秋天，发生了许多始料未及的事。海顿跟了 28 年的主人尼古拉斯亲王去世了，而即位的安东亲王对音乐没有什么兴趣，他立刻遣散了许多音乐家，只留下了海顿、汤马西尼以及几位负责教堂礼拜的乐师。海顿的老主人给他的津贴是每月 1000 个金币，安东亲王又多加 340 个金币，因此，在名义上，海顿仍为他服务，实际上他给了海顿自由，让他做自己想做的事情。

海顿抓住了这个机会，急急忙忙地离开伊沙哈哲，赶到维也纳。他甚至顾不得整理留在伊沙哈哲的私人物品。

刚搬进他朋友汉伯格的公寓里，就有许多人争相礼聘他。尼古拉斯亲王的女婿格拉沙科维克亲王也是一个爱好音乐的人，他想请海顿到他在普里斯堡的宫廷担任乐长。海顿当然不会动心，他不想过与伊沙哈哲完全相同的生活。

此时，拿坡里的国王费迪南德四世也在维也纳，他来参加他两个女儿、一个儿子的婚礼。他非常急迫地向海顿重申以前的邀请。海顿正在考虑接受这个邀请时，第三个人出现了。

有一天，一位陌生人出现在海顿面前，冒冒失失地自我介绍说："我叫萨洛蒙，是专程从伦敦赶来的。您一定要和我去伦敦一趟，明天我们就签合同。"

实际上，萨洛蒙早已拟好了详细的合约，里面的条件极为优厚，他请海顿为国王剧院写一出歌剧，报酬 300 英镑，又以 300 英镑请他写六首新交响乐，另外再加 200 英镑，作为版权费。此外，他又以 200 英镑的价格，请海顿写 20 首较短的新曲。萨洛蒙允诺先存 500 个金币在维也纳的银行里，作为海顿的定金。

海顿遇到了一个重要的抉择：意大利或英国，他应该何去何从？

多年来，海顿梦想着去歌剧的发源地——意大利游历一番，他曾再三向尼古拉斯申请，但总是被各种借口搪塞过去。可是现在，他自由了，可以随意去世界上任何一个地方。此时，意大利却不太有吸引力了，因为莫扎特的杰出天分，他已经不那么热衷于歌剧了。他开始明白，器乐才是他的专长，在这方面，英国因为有规模庞大和训练有素的大乐团，无疑是更适合的选择。

此外，这里头还有一个个人自由的问题。对海顿来说，再次站在宫廷里等待主人下令，遵守严格的礼仪，他充其量不过是一个高等的仆人罢了。因此，尽管有许多问题要面对，海顿还是选择了英国。

确实，去英国比去意大利需要更多的勇气。海顿的意大利文很流利，长期以来，他习惯了和意大利的歌唱家一起工作。相反他连一句英语都不懂，在抵达英国以前，也没有任何机会临阵磨枪。

在海顿那个时代，对任何人来说，要横渡英吉利海峡都不是一件小事。海顿可能已经听说过这类故事，即使以前没有听过，维也纳的朋友现在也纷纷涌来，告诉这个58岁的人，大海的性格变幻无常，有多少人生命曾被它吞没。

但是他们的担心和警告都是徒然，这未知的、充满刺激的冒险深深地吸引了海顿，他精力充沛，身体健康，自信能承受任何困难。因此，当莫扎特说："哦，海顿爸爸，您没有接受过那个社会的教育，您也不会说他们的语言。"海顿严肃地回答说："不错，可是我的语言是全世界都能了解的。"

萨洛蒙非常支持海顿这种想法。不论在维也纳或在伦敦，他们相处得都很融洽。在很久以后，海顿提到萨洛蒙时，也称他是"最亲爱的朋友"。

聘请海顿到英国的艺术家约翰·萨洛蒙在音乐史上扮演了重要的角色。他于1745年出生在贝多芬的诞生地——德国波恩。值得一提的是，有一段时间，他家和贝多芬家住在一起。萨洛蒙是一位卓越的小提琴家，1781年，他到了英国，很快就取得成功。

1786年，萨洛蒙开始承办音乐会，并开始和历史较悠久的职业音乐会社展开竞争。他仰慕海顿已久，为了举办那些音乐会，他想礼聘海顿。当时他原本是要去意大利，路过德国科伦时，他听到了尼古拉斯亲王去世的消息。他立即搭上一班火车赶到维也纳，成功地请到了海顿。

尽管海顿对眼前的冒险充满了渴望，他仍难以割舍维也纳的生活。

当他和莫扎特分手的时候，两个人心中都充满了感伤之情。莫扎特含着泪说："海顿爸爸，我很害怕这会是我们最后一次见面。"谁也没有想到，莫扎特竟然一语成谶。

1790年12月15日，海顿和萨洛蒙起程了，他们必须快马加鞭，因为萨洛蒙希望早些准备一连串的音乐会。

初访英伦

1791 年元旦，海顿开始了他在英国的生活。在旅途中，这位从未见过海的老人居然一点都不晕船。不过，当他到达后，还是休息了两天，才恢复了精神。他心里惦记的，是尽情去看看这个伟大而广阔的城市。

海顿的"惊讶"可以理解。他从未离开过祖国，而这里的每一样东西都跟维也纳不一样：不同的气候、不同的建筑、不同的风俗习惯，这里的每件东西都是一尘不染、井然有序的。伦敦使他沉醉，同时也把他吓坏了，这里的人跟维也纳完全不同，街市上的噪声和沿街叫卖的声音令他难以忍受。

此外，还有语言问题，的确，各地的人都了解他的音乐，而他想要了解别人可没那么容易。这位白发斑斑的老年人充满了好奇心，他完全不喜欢成为一个懵懵懂懂的人，他想要全盘了解英国人的生活。

当然，海顿非常努力地学英文，在春天的早晨，他习惯了带着英文语法课本在林间散步，可是对他来说，听他的新朋友谈话一直都是个烦恼。相比之下，在伦敦和许多老朋友重逢，就太可爱了。

伦敦是世界上的音乐重镇之一（虽然那时英国的作曲家还不能和维也纳的相比），吸引了世界各地的艺术家和音乐家。在这里，有实力的音乐家能得到最高的礼遇和优渥的报酬，因此，许多声誉正隆的音乐家都聚集在这里，协助英国人建立灿烂、丰富的音乐生活。这些艺术家也有许多先前是住在维也纳的，海顿自然和他们认识。

伦敦的音乐生活错综复杂，有不同的流派和潮流，海顿不太容易找到方向，因此，他需要萨洛蒙的引导。萨洛蒙为海顿铺了极好的路，报纸以很大的篇幅报道海顿抵达的消息。1791 年 1 月 8 日，海顿写信给玛丽安娜时，兴奋地说，在第一个星期里，他"已经在外面吃了六次饭"，如果他愿意，每天都有人邀请他吃饭。

海顿无法掩饰自己的得意，他写信给安东亲王，叙述他在伦敦的社交生活。他的语气显然和以前大不相同了，毕竟他已经不是他的仆人了。

除了社交生活外，海顿急切地想去深入探索英国的音乐生活，他出席各式各样的音乐会，都被奉为贵宾。他对英国乐团的印象是规模庞大而技巧精湛，针对这些情况，他也将自己从维也纳带来的作品作了相应的修改。

海顿抵达伦敦 18 天后，被邀参加庆祝皇后诞辰的宫廷舞会。在舞会上，威尔士亲王以上宾之礼迎接他。虽然海顿早已看惯艾斯特哈齐亲王的奢华，然而，当这位未来的乔治四世出现时，海顿仍旧有些惊讶，因为他手上戴着价值约八万英镑的戒指。

第二天，海顿对亲王有了进一步了解。当他被邀请参加在亲王府邸的音乐盛会时，他发现威尔士亲王对文学、艺术、建筑都有很深的造诣，而且很喜欢音乐。

虽然有威尔士亲王的赞助，海顿并没有马上开始施展他的才华。尽管萨洛蒙也想尽快地举行音乐会，但好事多磨，他邀请了当时的首席男高音吉科莫·戴维来演出第一场音乐会，可是戴维先生已经和人订了合约，要在国王戏院演出意大利歌剧，因此，萨洛蒙被迫延迟他的音乐会。

萨洛蒙的竞争者开始散布谣言（某些报纸上也这么刊载），说海顿虽然是一位大作曲家，可毕竟是一个精力衰竭的老人，所以肯定会让英国人民失望。海顿自然知道这些把戏，但他尽量不因此而灰心，他以坚韧不拔的精神，利用空余时间仔细排练。在重要的乐章里，他以小提琴和乐队配合，逐渐使成员们了解他的意思。

1791 年 3 月 11 日，海顿在著名的汉诺威广场大厅举行音乐会。汉诺威广场是一个音乐圣地，在海顿之后，李斯特、鲁宾斯坦、门德尔松、乔阿金等人也在这里大放光芒。

萨洛蒙聘请的艺术家都是第一流的，而海顿的新作《G大调交响乐》（第 96 号作品）是音乐会的最高潮，他特地将它安排在第二部分的第一首。这里的交响乐团比伊沙哈哲的规模大多了，共有 40 位演奏者，包括 16 个小提琴、4 个中音提琴、3 个大提琴和 4 个低音提琴。海顿的听众们都非常体面，女士们穿着束腰带裙撑的裙子，绅士们穿着整套的礼服，还佩着宝剑。佩剑的卫士为独唱的歌唱家开路，他们雍容华贵地步上舞台。

3 月到 6 月举行的音乐会都非常成功，高潮是 5 月 16 日举行的"海顿福利音乐会"，他得到了 350 英镑的报酬，比预期的多了一倍。

萨洛蒙音乐会获得的光耀与成功大大增加了海顿的信心。海顿在去伦敦以前，已经获得了极大的声誉。可是读到崇拜者热情洋溢的信是一回事，直接面对一大群体面的听众则是另一回事。这些具有极高欣赏品味的听众给了海顿疯狂的掌声，但这并没有使他乐昏了头。这只是一项挑战，他决心创造更杰出的作品贡献给伦敦。在这里，海顿的创作力发挥得淋漓尽致，他创作的 12 首伦敦交响乐（六首发表于第一次访问伦敦时，六首发表于第二次访问伦敦时），使他的交响乐成就达到最高潮。

1791 年 7 月，牛津大学授予海顿音乐博士的荣誉学位，海顿欣然接受，并在牛津大学受到热烈的欢迎，同时也举行了三场音乐会。海顿必须拿出一首新的交响乐，作为博士论文，他选择了作于 1788 年的 G 大调第 92 号作品，因此这一作品又被称为《牛津交响曲》。

海顿穿着白色的博士礼袍，尽管觉得怪怪的，心里还是很骄傲。他写信给玛丽安娜说："我多么希望维也纳的朋友们能看见现在的我啊。"被世界上最古老的学府承认以后，海顿可以不用理会德国和奥地利那些关于他的音乐不够深入生动的批评了。

1784 年，空前盛大的亨德尔纪念会在威斯敏斯特大教堂举行，庆祝亨德尔百年诞辰。纪念会非常成功。

海顿也在听众之列。他以前不曾观看过在威斯敏斯特大教堂的表演。在世界上最可爱的教堂里，聆听由最卓越的音乐团体表演的不朽名作，感受到听众们虔诚专注的静默，怎不令人神往！海顿听完《弥赛亚》的合唱后涌出眼泪，感叹地说："亨德尔真是最伟大的音乐家。"

海顿发现亨德尔的清唱剧仍活在英国人民的心中，他大受感动，觉得自己应该像亨德尔一样，在这方面进行一些探索。

1792 年，海顿再一次被大合唱《弥赛亚》深深感动。这次是在圣保罗大教堂举行的慈善会上，由多名儿童合唱这首圣诗，教堂的风琴师约翰伴奏。英国已经将人类声音所能达到的最佳效果展示给了海顿。后来，当他进行创作时，这些经验就融入了他的作品。他还没有开始创作任何新的曲子，因为他被这迷人国家的许多事物吸引，他决心要尽可能地去探索。

夏天和秋天，音乐会活动暂时停止，海顿因此有时间出外旅行访问，他的心情非常愉快。他并没有停止工作，他是在为下一季的音乐会作准备。现在，他可以自由自在地去任何他喜欢的地方，而不需要任何人的允许。可以说，这是这个 59 岁的音乐家的第一次假期。

一连五个星期，海顿都住在银行家布拉塞先生家里。他在这里受到了无微不至的招待，同时也教布拉塞的女儿音乐。布拉塞先生以典型的英国待客之道招待他，尽量使他感到自在。

海顿在信中向玛丽安娜叙述他的生活："我和一位银行家一起住在乡下，他的心地善良，家庭和睦。"

伦敦的喧嚣令海顿非常难过，能在宁静和平的英国乡村度假，他觉得非常愉快。不幸的是，他主人的一封信给他带来了一些困扰，在信中，安东亲王埋怨海顿长久滞留英国不归，要他"十万火急"地赶回去，因为他要海顿为他作一出歌剧，献给奥地利皇帝。但是海顿已经和萨洛蒙签订了下一季演出的合同，他据实报告亲王。他习惯于唯主人的命是从，作出这样的决定对他而言并不容易。

旺盛的创造力

海顿停留在伦敦的最后一段时间里，职业音乐会社曾经两次派代表去见他，希望用更高的报酬吸纳他加入他们的乐团。当他们发现海顿根本不为金钱所动时，他们就改变策略，开始攻击海顿。各种各样的谣言开始传播，有些

维也纳的海顿雕像

甚至传到了维也纳。最后，炸弹爆炸了，英国的听众被告知，由于海顿年龄太大，不能创作重要的新音乐，职业音乐会社很荣幸地改聘了海顿的年轻学生——著名的作曲家伊格纳茨·普莱耶尔。

伦敦音乐界听到这个消息都很震惊，也因此形成了两个壁垒分明的集团。每个英国人都开始热烈地评论海顿和普莱耶尔，到底谁是更优秀的作曲家。

这两位作曲家之间并没有什么可比之处。今天，已经很少有人弹奏普莱耶尔的音乐，大家只知道他是一家著名的钢琴工厂的创始人、改进竖琴机械装置的人，以及首先编辑海顿的四重奏全集的出版者。可是在 18 世纪，大家对普莱耶尔的作品评价非常高，尤其是他早期的作品。连莫扎特也认为普莱耶尔早期的四重奏写得非常好，动听悦耳。如果继续发展下去，普莱耶尔很有可能取代海顿的地位。

海顿和普莱耶尔的私交非常好，这也多少满足了英国人"公平竞争"的心理。据海顿说，普莱耶尔非常谦逊，他很喜欢他。普莱耶尔抵达的第二天，海顿和他一起吃饭，新年前夕时他们还一起守岁，参加对方的音乐会。尽管这两位竞争者之间保持着良好的关系，但是在私底下，海顿一定还会觉得很受伤。

普莱耶尔是一个不平凡的多产作曲家。海顿写信告诉玛丽安娜说：

> 他带来许多未发表的曲子，可都是很久以前写的，他还宣布，每天晚上要创作一部新作品。听到这话，我明白有许多人会嘲笑我无能，因此我也公开宣布，我会发表12首不同的新曲。为了履行诺言和支持可怜的萨洛蒙，我不得不咬紧牙关，努力工作。这真是够我受的，我的眼睛要使坏了，有许多晚上我都不眠不休。

海顿在另一封信上写道："我一辈子，从来没有像去年一样，一年里写那么多作品，真把我给累死了！"尽管他还有许多疲倦的抱怨，奇怪的是，在这种紧张压力下，海顿写成的作品却丝毫没有流露疲倦的味道，《惊愕交响曲》就是其中一首。

尽管伦敦的听众们曾恶毒地攻击过海顿，却还是不由自主地被他伟大的作品所感动。《晨间纪事报》评论道："这个音乐会非常生动，一般的竞争者无法望其项背。"

关于1792年3月16日的音乐会，《晨间纪事报》这样报道："没有其他音乐会比萨洛蒙主持的第五次演出更美妙。海顿的作品演出了六首，天才般的富丽和变化，远超过当今所有的作曲家。"

第六个晚上，伦敦人的热情到达了最高潮，因为《惊愕交响曲》光耀地呈现在他们面前。演奏会继续进行，海顿获得了绝对性的胜利。

海顿的创作并不仅限于他为萨洛蒙的音乐会所写的作品。其他的新作品要追溯到海顿在伦敦的交游，一位朋友安妮·怛特送给海顿几首诗，结果他就谱成迷人的曲子，在1794 年出版。

海顿听说苏格兰的小提琴家威廉·纳派尔经济上有困难，就为他编排苏格兰的民歌，加上前奏曲、终曲，以及钢琴、小提琴和大提琴的伴奏，让纳派尔出版。这些作品为海顿和纳派尔带来了极大的成功，并且大大地增进了海顿的声誉。

此外，海顿还有一些教学工作，海顿的学生包括钢琴家汤姆斯·海夫，以及作曲家约翰·卡尔寇克生。

在有限的时间里，海顿居然把所有的工作完成了，而且做得那么好。当他在创作中迸发出了极大的能量之后，他还能集中精力去享受友谊。这位已经不再年轻的音乐家为什么能享受这种繁忙又不失情调的生活？这种现象应该可以归结于以下几个因素：一是在伊沙哈哲那段漫长的岁月里，海顿未能尽情发挥他全部的才能，他储存了巨大的创作源泉，留待日后之用。

另外一个重要的原因就是，海顿的身体一直很健康，在英国一年半的时间里，他面对的是不同的气候、不同的饮食、不停的旅行奔波，以及巨大的工作量，但是总的来说，他的身体还是不错的。

音乐会结束后，这位被攻击为"精力衰竭"的作曲家，仍然利用各种机会去欣赏英国的景色。

1792 年 6 月 4 日，海顿去瓦克斯何尔庆祝英王的诞辰。他去温莎附近的乡下参观，在笔记中记下了温莎的景色，说那儿有古老却富丽的教堂，在山坡上可以看见美丽的风景。他还提到在阿史考希斯看到的赛马。

第二天，这位不知疲倦的旅行者去见了威廉·赫歇尔。海顿对这位德国音乐家很感兴趣，威廉·赫歇尔虽然是一位音乐家，但他的嗜好却是研究天文。1781 年，威廉·赫歇尔发现了天王星，从此名声大噪。最吸引海顿的当然是赫歇尔的巨大天文望远镜，海顿显然很佩服他在最严寒的天气，露天坐五六个钟头的本领。

现在，海顿离开英国的日子迫近了，这使萨洛蒙非常伤心。许多人都希望海顿留在英国，海顿虽然很愿意留在伦敦，但他还是觉得回家是目前最重要的事，毕竟他还受雇于安东亲王。

安东亲王召海顿去德国的法兰克福，因为他要在那里参加弗兰兹二世皇帝的加冕礼。海顿准备好行李，并为他维也纳的朋友买了一些小礼物。

临走之前，海顿仍不停地参加社交活动。6 月 22 日，他在帕斯洛斯为一个音乐社团设宴，萨洛蒙被邀请当翻译。萨洛蒙打趣地说："海顿博士在英语方面没有多大的进步。"

第二天，海顿参加约克女伯爵设在花园里的晚宴，有180位宾客参加，宴会结束时，就是海顿向他的英国朋友告别的时候。他答应他的朋友们，到维也纳准备一批作品后，他将会再次回到这个给他无限荣耀的国家。

遇见贝多芬

海顿没有在法兰克福逗留太久，之后，他应克隆的选帝侯（选帝侯是指那些拥有权利选举罗马国王和神圣罗马帝国皇帝的诸侯）弗兰兹的邀请去了波恩。弗兰兹是刚刚去世的奥地利国王约瑟夫二世的弟弟，非常热爱音乐。为了欢迎海顿，波恩宫廷的乐师为海顿举行了一次演奏会。在这里，一位22岁的年轻音乐家拿了一部清唱剧给海顿看，海顿大为赞赏，并表示愿意在作曲上给他一些帮助。这个年轻的音乐家就是贝多芬。

贝多芬计划到维也纳向海顿学习，他们商量好，只要贝多芬能离开波恩，他就马上去维也纳。

海顿坐着艾斯特哈齐的一辆马车，于1792年7月29日抵达维也纳。现在，他已经和刚离开维也纳的时候不同了。他尝到了令人兴奋的成功和自由，得到了一所著名的大学颁授的音乐博士学位，威尔士亲王和其他英国显贵也对他非常尊敬。现在他再看看维也纳，这个看着他慢慢崛起的城市是一个暮气沉沉、一潭死水的城市，这让海顿备感寂寞。

维也纳的表现确实令人失望，没有一家报纸提到海顿的归来，没有人为欢迎他举行音乐会。奥地利宫廷对于这位扬名欧洲的作曲家没有表示认可，和伦敦听众疯狂欢迎的盛况相比，这是个多么大的讽刺！

在私人领域里，情形自然不同，海顿的老朋友们很高兴欢迎他回来，但在他们与他中间却出现了一个永不会填满的鸿沟，使海顿再也不能尽情享受维也纳朋友圈带给他的快乐，因为莫扎特死了。在伦敦就听到了这个消息，海顿不肯相信，因为还有人曾在 1778 年就宣布海顿已经死了。当他知道这是事实时，他甚至开始怀疑自己的信仰。1792 年元月，海顿写信给他的朋友普克伯说：

> 我觉得我要疯了，一想到莫扎特的死，我就禁不住怀疑，为何上帝要把这个举世无双的天才早早带走。如果可以，请你尽量寄来一些莫扎特未发表的曲子。我要尽我最大的能力，为他尚在世的妻子和儿子争取一些福利。上个星期，我写信给他的妻子，告诉她等她的儿子稍大一些，我就义务教他作曲，好让他继承他那伟大父亲的衣钵。

若有音乐经理人表示要买莫扎特的手稿，海顿就会强调说："无论如何，你一定要买，他真是一位伟大的音乐家。

朋友们经常谬奖我有一些天分，但是莫扎特凌越我甚多。"

失去这位独特的朋友使海顿心灵大受打击，当他处在熟悉的景物里时这种失落更为明显。

尽管时间可以治愈一切创伤，但是莫扎特的死所造成的伤痕，却永无止息地戳着海顿的心。直到 1807 年，每当朋友们提到莫扎特的名字时，海顿还是会情不自禁地流下眼泪。返回这个已经完全陌生的城市后，海顿比以前更需要朋友。当然，他的妻子不在他们之列，时间和空间并不能缓和他们的关系，海顿夫人向海顿提出要求，为她在维也纳买一幢房子，作为她日后守寡的居所。海顿并没有把这件事放在心上，但是海顿夫人坚持带海顿去看房子。结果是，海顿夫人看上的房子居然很得海顿的欢心，因为它坐落在一个安静而隐蔽的地方。现在，海顿能买起它了。经过仔细地讨价还价后，他在 1793年 8 月把它买了下来，重新整修，并加盖了一层楼。

1793 年 1 月 26 日，玛丽安娜去世了，留下五个孩子。玛丽安娜的死使海顿失去了最好的朋友，没有其他任何朋友能取代她的地位。因为她的出现，海顿才体验到了一位真正体贴关怀的朋友带给他的快乐，现在，留给他的只有可怕的像一座墙一样围绕着他的寂寞。玛丽安娜的死使一些东西永远离开了海顿的生活。即使有两位聪明的学生经常和海顿来往，也无法驱散海顿的苦痛与寂寞。年轻的帕特洛·波尔切利和海顿住在一起，海顿很高兴有他陪伴，除了教他音乐外，海顿还帮他找付得起高学费的学生。4

月份的时候，贝多芬也到了维也纳，开始向海顿学习，海顿只是象征性地收他一点钱。至于海顿和贝多芬的关系，就讳莫如深了。

早在 1787 年，贝多芬就曾到过维也纳，为的是要见莫扎特，并拜他为师。但是在他见到莫扎特之后，他却因为母亲生病而被召回波恩。等到他准备好再去维也纳的时候，莫扎特已经死了。因此，贝多芬只能拜海顿为师，可是，他似乎一直认为海顿比莫扎特略逊一筹。

海顿是个对人性观察得非常透彻的人，他可能早就知道这个年轻人真正的想法了。尽管莫扎特和海顿的性格大不相同，但他们彼此间的深刻同情和了解却使他们发自心底地尊重和喜爱对方。海顿和贝多芬的关系里缺乏这一层。年龄的差距并不是他们师生关系的真正障碍，因为海顿很喜欢提拔年轻人，年轻人也尊敬他。有些人认为贝多芬在音乐上的革命性倾向使海顿憎恶，其实不然，海顿对每一种新东西都有兴趣，在他晚年的作品中我们可以发现，他完全支持新崛起的"浪漫派音乐"。事实上是贝多芬倔强又多疑，很难相处，而且经常激怒海顿，他的火暴脾气使上了年纪的海顿难以忍受，海顿曾经开玩笑地称贝多芬是"大人物"。

除了这些显而易见的性格差异外，贝多芬对海顿的教学方法也开始感到不满。他认为，完全精通技巧规则，可以使他在作曲时随心所欲地变化，因此他希望尽可能地多学习对位法，海顿便让贝多芬研究他自己以前学过的老教科书。毕竟时间已经过去了40年，创造力充沛的海顿正处于事业巅峰，虽然他也发现这种基本的练习相当烦琐，有修改的必要，但是由于醉心于自己的创作，海顿并没有花多少时间去指导贝多芬，也没有注意到贝多芬的错误。贝多芬因此开始怀疑海顿的能力，并向一个朋友抱怨，这个朋友就介绍贝多芬去请教约翰·史莱克。约翰·史莱克是个成功的轻歌剧作曲家，也是一位爱好卖弄的音乐老师。

史莱克听到了贝多芬的钢琴即席演奏，大为赞赏，第二天就约见了这个年轻的天才。他非常希望能教授才华横溢的贝多芬，但是在上课之前，他告诉贝多芬，他们的合作必须保密，因为他不想得罪海顿。

贝多芬继续到海顿那里学习，但他真正的老师是史莱克。年轻的贝多芬脚踏两只船，因为他确实希望能彻底学习对位法。正如史莱克说的："海顿是一位杰出的作家曲，在特别的问题上也是一位好的指导人，但是在有些方面，他并不是一位好老师，他不能耐心专注地引导学生由浅入深，渐入佳境。"不管怎么说，海顿和贝多芬继续维持着良好的友谊。

从英国回来后，海顿终于在自己的祖国得到了肯定。1793年，哈拉克伯爵在海顿的诞生地竖了一个纪念碑，很少有作曲家能在生前得到这样的殊荣，海顿觉得非常欣慰。

贝多芬将他的钢琴奏鸣曲第2号献给海顿时，海顿大为欣赏，但他发现贝多芬的三重奏太富独创性与革命性，一般人不太容易理解，因此他劝贝多芬等到日后成名了再出版。

这个建议使得向来多疑的贝多芬以为海顿是在嫉妒她。他完全误解了海顿，对海顿来说，嫉妒一个年轻得可以做他孙子的作曲家，是非常荒谬的。

海顿绝不嫉妒年轻的一代，相反，他们的成就令他感到满足和欣慰，他从不放弃任何鼓励他们的机会。他写给歌剧作曲家小约瑟·韦格的信就是个极好的证明。韦格的父亲是伊沙哈哲乐队的大提琴家，也海顿的老朋友。海顿写道：

最亲爱的教子：

在你出生后不久，我就荣幸地成为了你的教父。我抱你在怀里，恳求全能的神赐予你卓越的音乐才能。我相信上帝肯定听到了我热切的祈祷。我已很久没有听到像你的《La Princi Pessad Amalfi》那样美好的音乐了，它充满思想、高贵、意味深长，总而言之，这是一部杰作。我亲爱的教子，我希望你能继续保持这种真诚的风格，向外国人显示一个德国人可以达到的造诣。最后请你在记忆里为我这个老头子留一个位置。

我真诚地爱着你，亲爱的韦格！

你诚心的朋友和仆人海顿

1794 年 1 月 11 日于维也纳

海顿写这封信时，正在准备第二次的伦敦之行。依照他和萨洛蒙订的新合同，他要在伦敦指挥六场新谱成的交响乐。

再访英伦

　　海顿决定再次拜访伦敦是可以理解的。因为这个城市给了他成功和荣耀。现在，维也纳或伊沙哈哲对他已经没有太大吸引力了。自从伊沙哈哲的创造者死了以后，这个城堡就近乎荒废了。新继任的亲王虽然觉得海顿没有什么用，可是鉴于他的巨大声名，他也不愿放他走。不管怎样，海顿还是获准离开了。起程的日子定在 1794 年 1 月 19 日。

　　这一次的旅途没有萨洛蒙做伴。最初，他希望让他的两个学生——帕特洛和贝多芬中的任何一个陪他，但是考虑再三，他得出的结论是，这两个年轻的音乐家都不会像他的忠实仆人约翰·艾斯勒一样处处为他着想。因此，他作了一个聪明的决定，带约翰去伦敦。

　　途中，当这两位旅行者在普鲁士有名的温泉区维斯巴登休息时，海顿听到旅社里传来《惊愕交响曲》的旋律，他循声而至，发现一群普鲁士的官员围在钢琴边，聆听这首当时非常流行的作品。海顿自我介绍时，这些普鲁士人不敢相信，这首活泼轻快的曲子竟是出自一个老年人之手。海顿骄傲地从箱子里拿出他们的国王腓特烈·威廉二世的签名信，他们才敢相信。

公告中宣布，海顿会在 2 月 3 日抵达伦敦。可是跟上次一样，音乐会不得不延期，因为海顿在 2 月 4 日才到达伦敦，萨洛蒙聘请的独唱家、著名的男低音卢威格·费雪也迟到了，因此，第一场音乐会改在 2 月 10 日举行。听众仍然和以前一样热情地赞美着海顿，而职业音乐会社也不再破坏海顿的演出了。不过，伦敦听众对海顿的态度却与上次略有不同，当时他们欢迎海顿的方式犹如对待极为珍惜的老朋友，尊敬却不过分热情。

3 月 25 日，德国魏玛的《时代潮流杂志》驻伦敦通讯员写了一篇报道，生动地叙述了大众对海顿音乐的反应：

> 根据目录记载，旋律是由艾宾顿爵士写的，而竖琴或钢琴的伴奏由著名的海顿博士撰写。您现在会对由海顿本人担任钢琴演奏和指挥的音乐会有什么看法呢？这位大师融汇在作品中的思想是如此奇妙。他的作品高潮迭起，聆听它们令人非常兴奋。不仅我们深受感动、交口赞扬，法国人也如此。

但是，海顿并非只和贵族交游，威廉·戈丁纳叙述海顿和一位名叫何威尔的音乐商人交往的经过：

一天早晨，一位整洁矮小的绅士来到何威尔的店里，要求看一些钢琴乐谱。何威尔就拿了一些刚出版的海顿的奏鸣曲给顾客看，这位陌生人翻了翻，说道："我不喜欢这些。"

何威尔回答说："先生，你要知道，这些可是海顿的作品！"

陌生人说："我知道，可是我希望有更好的东西。"

何威尔愤怒地叫道："我是不会为这种口味的人服务的。"说罢转身要走。当这位顾客表示他就是海顿时，何威尔惊讶得一把抱住了海顿，海顿也很高兴，这之后，他们建立了亲密的友谊。

海顿也有一些完全不懂音乐的朋友，他曾在日记上写道：

> 马奇先生是一位牙医，同时也是马车制造商和酒商……我常常和他一起吃饭。他当牙医，一年可以赚2000英镑，制造的马车每辆至少能卖500英镑。我想，他作为一个酒商，赚的肯定没有那两种行业那么多。

这一次，海顿住在伯瑞街一号，位于圣詹姆斯戏院对面。他还是很热切地去研究英国生活的方方面面。音乐季结束后，这位不知疲倦的62岁老人经常出游，他对所有能接触的新事物都非常有兴趣。他的日记本上记载了许多关于各式各样船只的资料，只因为他曾到海港城市朴次茅斯参观了一次。有人带他去看英国银行，回来后他也写了一篇详细的报告。海顿还参观了汉普顿王宫，那里的美丽公园使他想起了伊沙哈哲。海顿也访问了巴斯，那里住着许多著名的音乐家，他们热切盼望见到海顿，其中包括著名的男高音卢吉尼。海顿在日记里写道：

> 1794 年 8 月 2 日，我早晨 5 点钟出发，晚上 8 点抵达巴斯。我和卢吉尼住在一起，他是一位非常著名的音乐家，也是当代最伟大的歌唱家之一。他住在巴斯已经 19 年了，他会在冬季举行音乐会，其他时间也教学生。他是一位非常善良且乐于待客的人。我住的别墅坐落在一座可爱的山坡上，可以俯览整个城市。
>
> 巴斯是欧洲最美丽的城市之一，所有的房屋都用石块制成。石块是从附近的山上开采来的，颜色雪白。刚出土时石块的质地柔软，可以切割成各种形状，石块出土越久，就越硬。在这里，我认识了布朗小姐，她温柔而聪明，也是一位很好的钢琴家，她的母亲也是一个非常美丽的女人……

卢吉尼一只心爱的小狗死了，他把它葬到花园里，墓碑上写着"土克是一只忠心的狗，而不是人"。海顿就用这句话谱成了一首四部的卡农曲。卢吉尼感激之余，把曲谱也加刻到了石碑上。

三天后，海顿又去了布利斯陀，他在日记里写山间美丽的景色，也谈到无数的教堂，全都是古老的哥特式建筑。

1794 年的秋天，海顿回到伦敦，开始为新的音乐季作准备。但这时情况有些改变，萨洛蒙突然决定不再举行一系列的专题音乐会，因为反法同盟与法国的战争使他不容易聘请到第一流的独唱家，因此，他建议海顿受聘于一个叫做"歌剧音乐会"的机构。

在这个音乐会系列里，萨洛蒙自己也经常以独唱者的身份出现。新的音乐会在帝王戏院的新音乐厅举行，每两星期表演一次。交响乐团由小提琴家威廉·克拉莫领导，成员不下 60 人，独唱家都是当时最优秀的，包括布里姬达·班提，大家都认为她的音域出奇广阔，毫无瑕疵。海顿为她写了一首独唱曲，让她在他的义演会上表演。义演音乐会取得了辉煌的成功。他在日记中写道：

> 音乐厅里坐满了显赫的听众，大家都非常高兴，我也一样。这天晚上，我净赚了 400 个金币，只有在英国才能赚那么多。

整个说来，大众很高兴地接受了歌剧音乐会，因此，原先只准备举行九场的音乐会，后来又加了两场。

令人惊讶的是，第一次出访英国时，尽管海顿获得了巨大的成功和声名，却从来没有被介绍给英国国王，也许是因为乔治三世太热爱亨德尔的作品，加上他对现代音乐会也没什么兴趣。可是现在，海顿在英国深受喜爱，因此国王不能够再忽略他的存在。木簧管演奏家汤马斯·帕克在他的回忆录中叙述海顿和英王首次见面的情形：

> 约克公爵在约克大厅举行器乐音乐会时，英王夫妇和公主都参加了。萨洛蒙指挥乐队，海顿弹奏钢琴。第一部分结束时，威尔士王子把海顿引见给了乔治三世。我坐的地方离国王很近，他们的全部谈话我也听得很清楚。
>
> 国王说："海顿博士，你写了许多作品。"
>
> 海顿谦虚地回答说："多是多，可是没有好的。"
>
> 乔治三世简洁地回答说："哦，不，大家不这么认为。"
>
> 寒暄以后，应王后的要求，海顿坐在钢琴前，王后和她的女儿们围在旁边，随着他的几首短歌唱和，气氛非常融洽。

从那天起，王后经常邀请海顿参加她在白金汉宫举行的私人音乐会。在这里，海顿收到了一份珍贵的礼物。王后将亨德尔以德文写的神剧《受难的耶稣》的手稿交给了海顿。

威尔士亲王经常去看望海顿，听他的音乐。当他为庆祝国王的拜访举行晚餐音乐会时，所选的音乐几乎完全都是海顿的作品。帕克记载道：

> 这个场合真是气派，男士们身着笔挺黑色礼服，
>
> 女士们衣香鬓影、国色天香，旁观者都很羡慕、很快乐。

1795年4月8日，威尔士亲王和布伦斯维克的卡罗琳·伊丽莎白举行结婚典礼，海顿当然不可能参加典礼，因为这类典礼必须由宫廷音乐家负责。

但是三天以后，这对新人就邀请海顿参加一个音乐会。海顿在日记上写道：

> 这个聚会里演奏了我的一首旧的交响乐，我弹钢
>
> 琴伴奏，然后是四重奏，后来他们又请我唱德文歌和
>
> 英文歌，公主和我一起唱。后来她用钢琴弹奏一首协
>
> 奏曲，弹得非常好。

皇室的人都希望海顿永远留在英国，据说，王后答应让海顿夏天时住在温莎宫，说完后，王后还顽皮地望了国王一眼，补充说道："这样我和海顿博士便能秘密地玩赏音乐。"国王则郑重表示，他不嫉妒海顿，因为他是一个老实善良的人。但是海顿举出各式各样的理由婉拒了，他甚至拿出了他的妻子做挡箭牌，他说，他妻子不愿意长途跋涉

到英国来。

乍看起来，大家都不太理解海顿的态度，英国给予了他那么多，比维也纳给他的要多得多。

海顿是伦敦音乐生活的中心人物，没有任何一个人的作品像海顿的一样，不断地被拿来演出并得到如此多的掌声。在这里，人人都尊敬赞美他。而在维也纳，他只不过是一个豪门的宫廷指挥。

海顿在英国的收入非常优厚。他从小就饱尝贫穷的痛苦，因此这里的生活对他应该是非常适合的，他在这里还有许多好朋友，并不少于维也纳，有许多热心的人愿意帮助他，使他在伦敦的生活更舒适。

尽管有这么多的好处，海顿还是决定要回奥地利，他有他的理由。

作为伦敦的音乐英雄是令人骄傲的，但是也非常累，海顿一直生活在重重压力下。在每一场音乐会上，为了让那些内行的听众产生一种"电击效应"，他必须集中精神，必须有无限的活力，必须要不断地努力。热心的听众都热切地盼望着新作品的产生，大众这种需求固然能激发海顿的灵感，并鞭策他取得最大的成就，但长此以往，也会把他的精力和创造力吸干。

海顿本能地觉得，他最好不要站在耀眼的舞台上了。他的年纪已经开始提醒他了，虽然这位63岁的老人并不认为他的创作力会衰竭，但他也觉得，节省并善用他的创造力是很重要的事情。在英国，想要过一种安静的生活是不可能的，这里有太多的事吸引他去做、去看。此外，在一个语言隔阂的国家里，他似乎很难去享受舒适的生活。想到自己在安静的郊外拥有一栋小屋的情景，他就无限神往。在那里，他至少能过隐士般的生活，专注于他渴望的艺术工作。

另外，还有一个考虑左右着他，海顿离开维也纳几天后，安东·艾斯特哈齐亲王就去世了，他的继承人也叫做尼古拉斯，称为尼古拉斯二世。他继承了祖父尼古拉斯亲王创立的传统。他想重建父亲解散的乐队，让已经没落的艾斯特哈齐家族管弦乐队重现光芒。他写信给海顿，要求他担任领导人。海顿答应了，他为这个家族服务了许多年，实在不愿别人接掌艾斯特哈齐的乐队。

不过，艾斯特哈齐亲王的邀请并不是吸引海顿回到奥地利的主要原因。此时的海顿在性格上和经济上已完全自立，他可以自由选择最适合他的艺术生活。海顿虽然是尼古拉斯·艾斯特哈齐亲王的宫廷乐长，却只需要贡献出一部分的时间和精力为他的主人服务。

离开英国绝不是一件容易的事，尤其是他知道，这次一去就很难有机会再回来，因此归期一拖再拖。1795年5月4日，他举行义演会，5月29日和6月8日，他在朋友的聚会里，各演出两首交响乐。这些活动结束后，他便没有别的事可做了，可是他一直住到8月15日，为的是再次感受英国生活的点点滴滴。

崇拜海顿的英国人不知道他内心的挣扎，英国国王曾经邀请海顿在英国定居，但是海顿拒绝了，英国皇室对此很失望，也很恼怒，因此，除了忠实的约克伯爵夫人以外，皇室不再参加海顿的义演会。报纸知道宫廷的态度后，也不再提海顿的名字，只有海顿的朋友们对他仍然不曾动摇。

海顿收到各式各样的饯行礼物，其中有克里曼提送的一个美丽椰子壳做的高杯、一只会说话的鹦鹉（海顿死后，这只鹦鹉被拍卖了 1400 个金币）。海顿曾为塔特沙尔主教的赞美诗集配上六首旋律，主教送给他一个银杯，上面刻了虔诚的话。

海顿的行李中装满了乐谱，根据他在日记里的记载，他在英国停留的这段时间里，一共写了不下 768 页的乐谱。他也带了不少钱回去，他从音乐会、学费和交响乐上，赚了 1200 英镑。此外，他从作品出版及其他方面（例如出现在卡尔顿宫的报酬）也得到了相当高的收入。

可是，他在英国的收获不能单单用数字来表示，他的视野大大扩展了，他的自信心大为增加。这位 63 岁的音乐家离开这个如此慷慨而丰富的国家，绝不是因为他憧憬着老人的归隐生活。他只是需要一些休息，以便重新出发。

盛名下的晚年

尼古拉斯二世

1795 年 8 月底，海顿回到了维也纳，与三年以前从伦敦归来时相比，这一次的前景较为明朗。艾斯特哈齐家族的新主人正在等他回来，以便安排高水准的音乐活动。海顿忙得不亦乐乎，不但要重组乐团，也要为他们光辉的初演作准备。

演出定在 1796 年 1 月 4 日，演出的剧目是安东尼奥·德瑞菲的歌剧《忠贞的佩内洛普》，这个盛会在奥地利王子的维也纳宫举行，听众们不但沉醉在歌唱家的歌声里，也为昂贵的烟火所吸引。海顿感到庆幸的是，他的新主人尼古拉斯二世喜欢冬天待在维也纳，夏秋则在艾森施塔特城堡，在这方面，亲王的爱好完全和海顿相合。

可是，这几乎是亲王和海顿唯一一致的一点，整体来说，他们的关系并不愉快。在海顿接触过的四位艾斯特哈齐亲王里，最后的这一位他最不满意。他的父亲只是对音乐没有兴趣，这一点海顿没什么可抱怨的。尼古拉斯二世却不同，他跟他的祖父一样，是一位热爱艺术的人。他深爱音乐，对音乐家也很慷慨。根据记载，有一次他到巴黎，曾送给凯鲁比尼一枚价值连城的戒指。海顿是凯鲁比尼的偶像，但是亲王却从未对海顿有过这样的表示。原来他对海顿的作品并不感兴趣，他喜爱的音乐完全集中在教堂音乐上。他喜欢的作曲家当中，有一位就是海顿以前的"老师"卡尔·洛依特，洛依特那肤浅过时的作品，在当时那个年代也早已不流行了。

另一方面，他聘请了海顿，也使他成为许多王公贵族羡慕的对象，这大大满足了他的虚荣心，因此，他当然希望海顿能留在他的身边，领导他的乐队。亲王最初付给海顿的薪水只有 1400 个金币（安东亲王也付给海顿同样多的钱，却不要求他做任何工作）。

尼古拉斯二世为人不够圆滑和成熟，和其他作曲家们交往时也常常表现出不可一世的优越感，这在他对贝多芬的态度上可以明显看出来。在他的要求下，贝多芬写了一首伟大的圣乐——《C 大调弥撒曲》，这是他那时期最杰出的作品之一。演奏完毕，亲王却对这个已经颇有些名声的作曲家说："我亲爱的贝多芬，你刚才作的到底是什么玩意呢？"被激怒的贝多芬听到后拂袖而去。

尼古拉斯二世和他的祖父一样，是一个彻头彻尾的独裁者，但他缺少他祖父对音乐的真正了解。海顿并不介意老尼古拉斯的专横，他虽然有许多缺点，却真正懂音乐，而且和海顿关系密切。海顿很不情愿忍受这个年纪比他小一半，经常不知道自己在谈什么的尼古拉斯二世。

有一次，亲王在预演时作了一些毫无道理的批评，海顿竟然毫不顾忌地说道："亲王阁下，这件事该如何决定，应该是我说了算，因为这是我的工作。"尼古拉斯二世听完后愤怒地离开了房间，所有的音乐家都吓得不知所措。

通常海顿会设法抑制自己的愤怒，找一个比较好的方法去解决问题。他经常去找尼古拉斯二世的夫人玛丽·赫门纳基德公主，她非常欣赏海顿，总会为他解围。譬如说，海顿很讨厌别人直呼他的名字，而不尊称他的牛津大学音乐博士的身份，公主就负责监督，使宫廷中没有人敢鲁莽地不加头衔直呼"海顿"。官方写给海顿的信，也要依照适当的礼仪称呼他。几年之间，公主也为海顿争取了很多恩惠，包括几次加薪的机会，海顿也经常得到亲王地窖中的美酒。

整体来说，海顿虽然不喜欢他的新主人，却并不反对在他手下工作，因为他的工作比以前要轻松得多，他只要每年为他的主人写一部弥撒曲就行了。从1796年到1802年之间，他写了六部弥撒曲。

除此之外，海顿还有项任务，就是节庆时要出席演出，以便让亲王向别人炫耀他有个著名的指挥。1797年，匈牙利的伯爵约瑟夫来到艾森施塔特城两次，1800年皇帝皇后莅临一次，海顿都被请出来露面。

乐队例行的那些工作，都交给海顿的代理人去做。海顿觉得，除了为亲王服务，他还必须把更多的时间花在其他事业上，因为这些事业非常重要。

《创世纪》

奥地利发行的海顿纪念金币

在伦敦时，海顿曾对人说："我想要写一部使我名垂青史的作品。"在威斯敏斯特大教堂的亨德尔纪念会上的经历，使海顿深信，清唱剧最能使他和未来结下不解之缘。此外，想要实验新的表达方式的欲望，也促使海顿走向了清唱剧。写完《伦敦交响乐》后，他觉得他在交响乐方面已经不可能再突破了，虽然他已经六十多岁，却很想尝试一种新东西。

海顿选择《创世纪》为主题，也是源于英国，这件事情有许多说法。有人说是萨洛蒙给了海顿一个剧本，这个剧本是诗人利得尔根据弥尔顿的长诗《失乐园》改编而成的，本来准备交给亨德尔谱曲，但是亨德尔因故没有动笔，就一直搁置了起来。还有一种说法是，海顿要求他的好朋友、小提琴家巴斯里蒙提供一个适合清唱剧的题材时，巴斯里蒙就指着《圣经》说道："就在这里！拿去吧，就从《创世纪》开始。"

维也纳的音乐爱好者中，有一位德国籍的男爵，名叫范·斯维腾，他喜欢清唱剧，尤其是亨德尔的作品，他也担任维也纳宫廷图书馆的馆长和教育会会长。

1769年，男爵游历英国，在那里成为亨德尔的热烈崇拜者。他带了一些亨德尔最出色的清唱剧乐谱回家，并认为自己有义务把亨德尔和巴赫的音乐推广开来，因此每个星期天早晨，他都会在宫廷图书馆举行一次亨德尔和巴赫作品的介绍推广。因为图书馆里没有风琴，男爵就请常到图书馆来的莫扎特以吹奏乐器代替风琴，重新编写了许多亨德尔的清唱剧。

斯维腾也请莫扎特为巴赫的一些赋格曲配上弦乐三重奏或四重奏，并加上引介性的慢板。这段时间，由于对巴赫的巴洛克式音乐接触比较多，这对莫扎特的艺术发展产生了极为重要的影响。男爵也曾资助过贝多芬，贝多芬将自己的第一首交响乐献给他，作为回报。

斯维腾男爵不仅是一位优秀的翻译家，而且对海顿创作清唱剧作出了很大的贡献。由于斯维腾的地位和影响力，使海顿的工作有了一个很好的开始。

在那个时代，除非有人出钱邀约，否则作曲家很少主动去写一些重要的作品。尽管海顿已经鼎鼎大名，又有稳固的经济基础，也不会主动去写这些没有任何收益的作品。如果他仍留在英国，他可能为萨洛蒙或格里尼写这样的清唱剧，但是在维也纳，海顿要去找谁呢？在这个时候，斯维腾出现了，他召集了12个爱好音乐的绅士，每个人捐出50个金币，作为表演的费用，还付给海顿一定酬金。这样，海顿完全没有后顾之忧了，就开始创作《创世纪》。在后来的几年里，他将大多数的时间和精力投入到这项工作中。工作进行得很缓慢，因为如海顿所说，他想要精雕细琢，因为他打算让这部作品在世间流传很久。

将心力贡献于创作《创世纪》的这段岁月，是海顿生活里最丰富和最快乐的时光，他忘我地投身于比以往更能表现他内在力量的工作里。尽管从小就过着寄人篱下的生活，也深知人生的黑暗面，但海顿对宗教一直很虔诚，从不怀疑神，他觉得世界是一个非常美好的地方。

从某种程度来说，海顿的每一部作品都是一项"创造"，表达他对天父的赞美和感谢。现在，他可以完全投入地去做了，而且能享有前所未有的自由。同时，他有机会借音乐来歌颂大自然之美，并表达他内心的和谐与感恩。

海顿在创作这出神剧时，觉得精神上有了一个提升。他常常感到自己和造物主有密切的联系。他曾说："我写作《创世纪》时，感到空前未有的虔诚，我每天都跪下来祷告，祈求上帝赐给我力量完成这部巨作。"

《创世纪》完成后，施瓦岑堡亲王找到海顿，邀请海顿在他的宫殿里举行首演，海顿同意了。首演的日子定在1798年4月29日。首演那天，虽然只有获得邀请的来宾才能进入亲王府邸，却有许多听众聚集在府邸的外面，附近的市场摊子不得不拆掉，好容纳越来越多的人，此外还动员了12名警察和18个骑马的警卫来维持亲王府邸的交通秩序。

当时出席的卡佩尼说："我可以向你保证，我从来没有见过如此壮观的景象，维也纳的文艺界和音乐界的精英全都聚集在金碧辉煌的大厅里。小提琴奏起第一个音时，最深沉的寂静、最纯粹的注意，以及最虔诚的敬慕，就弥漫在整个会场。"

这次，海顿可不像以往那么镇静了。他后来说："我一会儿冷得像冰块，一会儿又突然热得像火把，我真害怕我会得心脏病。"

音乐家都是第一流的，海顿亲自指挥。弹奏钢琴的是宫廷作曲家沙赖皇，女高音是克丽思汀·吉拉蒂，当时人们评价她说："她的声音清丽而富于变化，她的身材优美可爱，脸上的表情很丰富，眼睛明亮，加强了每一个字的效果。"

男独唱者是宫廷歌剧团的男低音伊克纳茨沙尔，以及特蕾莎学院的教授瑞塞梅耶，他那美妙的男高音曾赢得过赖奇顿史丹公主的赞赏。

这次的成功远远超过预期，大多数听众的感觉也许和维也纳那位资深记者一样，他写道：

> 那个迷人的晚上已经过了三天了，但那悠扬的乐声仍然盘桓在我的耳边和心上，当时我体验到的，至今我仍不时甜蜜地回忆起来。

海顿没有理由不满足，支持他的贵族不但将事先同意的酬金付给他，还将全部门票的收入给了他。这只是个开始，《创世纪》的演出盛况历久不衰，它的收入大部分捐给慈善机构，远超过之前在伦敦义演会上的收入。

同年的 5 月 7 日和 8 日，《创世纪》又在施瓦岑堡宫演出。可是这时，海顿一直以来的劳疾却突然发作了，他必须在床上躺一段时间。

虽然专注地创作《创世纪》带给他很大的快乐，却也给他带来了巨大的压力。有许多时候，他觉得自己记忆衰退，思维枯竭，精神紧张到了极致。等到他的身体可以继续工作时，他对所进行的工作竟缺乏信心、失去力量，这是以前创作交响乐或弦乐四重奏时从未发生过的。

对于任何即将满 70 岁的音乐家来说，写如此繁复的整套的清唱剧，将是一份艰巨的工作。可是海顿的工作还不止这些，在这段日子里，他写了两部弥撒曲、一首小号协奏曲、一些最好的弦乐四重奏、三首钢琴三重奏、一首《十架七言》

的清唱曲，以及他自己很喜欢的奥地利国歌《神佑吾王弗兰茨》，这首歌使海顿成为奥地利家喻户晓的人物。

谱写奥地利国歌的动力来自英国。海顿注意到，每当英国国歌《天佑我王》演奏时，英国人都极为振奋。这个时候，奥地利陷入了与拿破仑的战争，因此，奥地利也需要一首国歌。

范·斯维腾让海顿再一次梦想成真。斯维腾和皇室秘书康特·苏卢讨论了一下，苏卢表示很愿意负责这一计划，并立即聘请诗人哈斯克卡填词。1797 年 1 月，海顿谱好了曲，2 月 12 日，皇帝诞辰时，维也纳全部戏院和奥地利各省都在唱这首国歌，这首歌也唤醒了无数的爱国心。

皇帝送给海顿一个金盒子、一幅肖像以及一笔丰厚的报酬。海顿认为颁发一个勋章给他将会是对他最大的感谢。虽然弗兰茨皇帝和皇后对海顿的态度比他们的先人要友善得多，他们还是没有颁发这项荣誉给海顿。

1799 年 12 月 22 日和 23 日，海顿指挥了两场《创世纪》的演出，将收入送给了维也纳音乐家遗属协会，这是一家旨在为已故音乐家的家属提供资助的机构。海顿的善举大大改善了该机构的经济情况。从那时候开始，海顿总是让维也纳音乐家遗属协会演奏他的神剧，通常由他本人指挥。仅仅三年时间，这部作品就为许多生活无望的音乐家的遗属们筹集了约 4 万金币。

《创世纪》在维也纳首演一年以后，伦敦人也听到了。阿什利收到《创世纪》的曲谱后六天，就在伦敦科文特花园剧院演出，这次演出能如此迅速，主要归功于印刷者汤马斯·古得温的策划，他在如此短的时间里，赶印出了120份乐谱。

法国人从不买清唱剧的账，可是非常奇怪，他们对海顿的作品越来越有兴趣，法国一些爱好音乐的人士想邀请海顿亲自到场指挥，但是由于奥地利和法国半年前刚打了一仗，奥地利遭到惨败。尽管法国人度量宽大，能为艺术而抛弃政治争执，但是奥地利的警察并不买账。

1800年夏天，巴黎歌剧院派普莱耶尔到维也纳，把法国的邀请书亲自交给海顿，然后像十年前萨洛蒙的做法一样，陪海顿到法国去。可是奥地利当局不准海顿穿过边界，否则将以间谍论罪。海顿和阿塔里亚出版社到处奔走都没有结果，普莱耶尔只能无功而返。起初，海顿很想去巴黎，因为他从来没有忘记过到外国旅行的快乐滋味，可是后来他决定不去了，因此，《创世纪》于1800年12月24日在巴黎演出，由史泰贝特指挥。

不老的心

海顿如果去巴黎，他一定会感到很快乐，虽然他没能成行，这也是他的幸运。他的体力已经大不如前了，从1800年春天开始，他的健康情形就不容乐观了。4月初，海顿被风湿性头痛所困，卧病在床，病情十分严重，医生也对他的复原不再抱希望。到 4 月底时，海顿的身体却慢慢有了起色，不过还是复原得很慢。整个夏天海顿都感到疲倦和无精打采，直到 8 月 2 日，他才能写信给朋友，告诉他，他觉得好一点了。

这一次的病比前几年要严重得多，这并不奇怪，事实上，他的病拖到现在才发作，才是值得庆幸的，因为海顿做的事太多了，他甚至想经商，做自己的出版人。他想这么做，显然是听了范·斯维腾的建议，因为斯维腾认为通过商业公司出版《创世纪》是不体面的。他自己收集订购清唱剧乐谱的订单，许多时候，甚至不厌其烦地亲自回信。

海顿常常感到要做的事情太多了，因此顾不上衰退的体力，辛苦支撑着。现在，他几乎集中了全部的精力在创作上。萨尔兹堡的莫扎特纪念馆保存了一份有趣的文件，叫做《海顿先生的每日作息表》（可能是艾斯勒所写），使大家知道了海顿的一些生活细节。它是这样写的：

夏天的时候，海顿每天早上六点半起床，然后刮脸，直到 73 岁他都是自己动手。接着他开始穿衣服，如果这时候学生来了，他就一边穿衣服，一边听学生弹琴。海顿总是能立即指出学生的错误，并安排新的功课，这差不多要用去一个半小时的时间。

八点整，早餐就要准备好。吃完早餐后，海顿马上坐在钢琴上，写一些曲子的草稿，一般是从八点到十一点半。

　　接着，海顿接见客人，或者出去散步，到下午一点半。

　　午餐时间是两点到三点，之后，海顿先生会做点家事，或者重新埋头于音乐中。他大概会花三四个小时的时间誊写上午的草稿。

　　晚上八点钟他会出去散步，九点钟回来，坐下来写一首曲子或者阅读到十点钟，接着开始吃晚餐。海顿习惯于晚上只吃面包和甜酒，只有被邀请出去吃饭时才破例。他喜欢在餐桌上和人谈天或玩些好玩的东西。

　　晚上十一点半，海顿上床睡觉，老年时睡得更晚。冬天时休息时间不变，只不过晚半个小时起床。

海顿每天晚上都会仔细核对家用账目，为的是使他的仆人诚实安分。他喜欢在冬天的晚上和他们玩牌，看到他们赢了钱高兴的样子，他觉得很快慰。全神贯注投入于创作工作的海顿，很可能把和单纯的仆人们的交往当作一种调剂。

1797 年起，海顿住在他那栋安静的别墅里，他的妻子很少住在那里，因此他觉得日子格外舒服。海顿夫人患了严重的风湿症，多半时候住在贝登小镇的温泉区疗养。1800年 3 月 20 日，海顿夫人在那里去世，这件事也许对她的丈夫没有太大影响。多年来，海顿已经习惯了过着类似单身汉的生活，而艾斯勒和厨娘安娜·克里尼哲也将他照顾得无微不至。

不过，有一个人听到海顿夫人的死讯时欣喜若狂，她就是露吉亚·波尔切利，此时她的丈夫早已死去。露吉亚提醒海顿，他曾经答应过她，一旦他妻子去世，他就要娶她。年老的海顿已经不想再婚。因为他觉得如果再结婚，他会受到很大的束缚。他希望过的是安宁而有规律的生活，那样才有助于保持他的创作力。露吉亚发现自己无法改变海顿的主意后，便要求海顿写下一个合同：

> 我，海顿，在这里签字，答应露吉亚·波尔切利女士，如果我再婚的话，一定非她不娶。如果我不结婚的话，我答应在我死后，每年留给露吉亚·波尔切利 300 个金币的补助。我的誓言永远有效，我在此签名。
>
> 约瑟夫·海顿
>
> 见证人：艾斯特哈齐亲王
>
> 1800 年 5 月 22 日于维也纳

相反地，露吉亚并没有承诺任何义务，当她把海顿的保证书安放进口袋后，就认为自己没必要保持单身了，她嫁给了一个意大利歌唱家鲁吉·法兰基，两个人双双去了意大利。年老的海顿并不吃醋，但是他也不甘心受到她的剥削，因此在他的遗嘱里，把答应的年金减半。

1800 年，海顿见到两位英国贵宾。初秋，英国海军上将纳尔逊和汉弥尔顿到艾森施塔特城拜访艾斯特哈齐亲王，也会晤了海顿。格里辛吉报道说：

> 海顿发现汉弥尔顿夫人对他非常崇拜，她是来访问艾斯特哈齐领地的，但是她并没有注意到亲王城堡的华丽，整整两天里，她几乎没有离开过海顿。

临别时，纳尔逊向海顿讨要一份礼物，海顿把自己心爱的钢笔送给了他，纳尔逊也把自己在战争中随时携带的金怀表送给了海顿，作为回赠。

海顿的好朋友、低音提琴手德勒冈尼提和年轻的约翰克拉莫的来访，使他回忆起伦敦的生活。海顿的弟弟米歇尔来维也纳作短暂访问，也使他非常快慰。米歇尔自从 1762 年起就住在萨尔兹堡，对他来说，维也纳之行的兴奋与重要性，就好比海顿的伦敦之行。

海顿虽然很享受着与故友会晤的时光，但他的主要精力仍然放在作曲上。1798 年《创世纪》首演时，他也完成了《纳尔逊弥撒曲》，1799 年，他完成了《特蕾莎弥撒曲》。在这两年里，海顿为罗伯科维兹亲王写了两首弦乐四重奏，以及一些声乐小品，包括 13 首声乐二重唱、三重唱和四重唱。据海顿自己说，他"随心所欲地写，没有人向我订购"。

写作完《创世纪》以后，他将全部精神放在另一出清唱剧《四季》上。促使他创作这出清唱剧的是范·斯维腾，他和海顿合作赢得许多荣誉后，想继续走这条路。他翻译了詹姆斯·汤姆森的《四季》，给了海顿关于曲调和叙唱部秩序的详细指示。虽然这种由诗人引导作曲家的方式能使布局井然有序，但是却不如创作《创世纪》那样能带给海顿那么多快乐，这个有些冗长而且庸俗的脚本，也不像范·斯维腾以前的剧本那能激发他的灵感。

长久以来，在音乐中模仿自然界的声音，并不能被唯美主义者所接受。他们的态度使海顿在谱写这个急需这些配乐的剧本时感到很没有把握。所以在创作过程中，海顿也怀疑范·斯维腾劝他加这些声音是否可行。因此，海顿也多少有些怪罪范·斯维腾，因为按照斯维腾的要求，他不得不在曲谱里运用这些模仿音。他修改钢琴配乐的草稿时，写下这样的话：

> 整个片段都是在模仿蛙鸣声，这个不是我主动加的，我是被迫写这个法国式的鬼玩意的。

事实上，《四季》获得了空前的胜利，它清新而有灵性的风格吸引了所有人。海顿写作时所遭遇到的困难也没有在作品中留下任何痕迹。海顿打胜了这一战，可是他付出了极大的代价。在创作过程中，他经常感到体力、脑力衰竭，消耗很大。他自己也说："《四季》已经把我给毁了。"虽然如此，他却固执地仍然继续做他认为应该做的事情，不肯向自然屈服。即使身体如此衰弱，他也仍然想要过生龙活虎的生活。

1801 年 1 月，战争再一次光临了苦难中的奥地利，海顿开始举行演奏会，为伤残军人筹款。

2 月的时候，海顿再次因为风湿性头痛躺在床上，这使他一个半月无法行动。尽管如此，他在 3 月 29 日和 30 日仍然为维也纳音乐家遗属协会指挥《十架七言》，而且还扛起了制作《四季》清唱剧的重担。

5 月 24 日，弗朗茨二世的皇后玛丽娅·特蕾莎（原奥地利女王玛利亚·特蕾莎的外孙女）坚持要在宫廷上演《四季》，第二天再接着演《创世纪》，在这两出神剧里，女王唱女高音独唱，海顿评价她"韵味和表情十足，但是声音不大"。四天后，《四季》在市民游乐场首次公演。

海顿应该对自己在经济上的成就非常满意了，这次，除了收到 3309 金币外，一群贵族还给他 600 金币的酬金。由于他不断地在创作和透支的身体之间挣扎，他已经精疲力竭了。1801 年 6 月 5 日，格里辛吉报道说："海顿刚刚写完他最后的遗嘱。"

慷慨的长辈

从 1801 年 6 月到 12 月，海顿一直在修改他的遗嘱，这是一份非常有趣的文件，也使大家更加了解海顿的性格。

那是一个富人的遗嘱，因为海顿死时，留下了14800金币的现金，一间房屋卖出后得到17100金币，土地拍卖后得到23163金币，总共财产相当于27000美元。在当时，这个数目的价值要比今天相同数目多得多。

这个已经在世界上获得巨大声名的老人并未忘记他寒微的出身。虽然他6岁时就离开家，以后只不过偶然回家探望一下，他却对他那分支很广的大家族有一份根深蒂固的依恋。对于一个几乎不知道和兄弟姐妹一起长大的滋味是什么的人来说，这是一种典型的家族情结。虽然他一直依靠他自己，终其一生，他根本没有接受过任何亲戚的恩惠，反而在物质上不断帮助他们。他觉得他和他的亲戚们很亲近，可能是因为他从未和他们住在一起，没有遭遇到一般人所遭遇到的烦恼。

在艾森施塔特城和伊沙哈哲附近的村庄里，住着海顿的很多亲戚，他们之所以住这么近，是因为这位慷慨大方的长辈喜欢去看望他们、资助他们的事业，并尽力使他们受到最好的教育。每年，海顿都会邀请附近村庄的全部亲戚到布鲁克莱沙镇聚会。他会在那里大摆宴席，请他们住在最好的旅社中，给每个人一笔钱，离开时拥抱每个人，并诚挚地邀请他们明年再来。海顿称这种家庭聚会为他伟大的日子，他总是快乐而骄傲地赴会。

他在写遗嘱时，仿佛看见自己又在主持这种家庭聚会，他尽力记起每个人，公平地分配他的财富。因此，在这位著

名的作曲家的遗嘱里，大部分的遗产都留给了努力工作的
人——一个银匠、一个鞋匠、两个女裁缝、一个铁匠、一
个马鞍匠的遗妻，还有两个织布匠都在受赠人之列。

遗嘱里也提到了给露吉亚·波尔切利的遗赠，海顿留给
她150金币，他在遗嘱中说道："我现在推翻以前写给波尔
切利夫人的保证书，否则，我那些辛勤工作的穷亲戚得到的
就太少了。"

其他大部分的遗产留给他忠实的仆人约翰·艾斯勒、厨
师和管家。

海顿给他那两个弟弟——米歇尔和约翰每人4000金币
的厚重遗赠。两个弟弟当中，约翰从海顿那里得到了比较多
的关爱，自从他们的父亲死后，约翰就到艾森施塔特城投奔
哥哥，海顿担负起了照顾他的责任。约翰虽然被父亲训练成
了一个马车制造者，后来却成为教堂合唱团的男高音。但是
他的音乐才能似乎非常有限，尽管有他哥哥的影响，但在
40年的歌唱生涯里，他从未脱颖而出。因为薪水太少，他
必须依靠海顿的资助。海顿从未吝啬过，他为他找学生。25
年来，每年夏天，海顿都送他到维也纳附近的贝登温泉疗养。

1801年夏天，海顿似乎已经从创作《四季》神剧里的"严
重忧虑和折磨"稍稍有些恢复，他来到艾森施塔特城，为他
的亲王写作新曲，叫做《创世纪弥撒曲》，这首杰作也没有
流露出疲倦的迹象。此外，海顿继续为汤姆森写作苏格兰歌。

海顿之所以能保持平静满足的心境，大概跟这一年得到

的来自各方的荣誉有关。巴黎寄给海顿一个美丽的格特鲁克奖牌，海顿异常珍惜。他告诉亲王，如果亲王保证把奖牌好好保存在艾斯特哈齐的金库里，他就把它送给亲王。荷兰的阿姆斯特丹也寄来一封信，宣布"菲力斯艺文会"推选他为荣誉会员。

北海的卢金岛上，有个德国的小镇叫做柏根，在这里，热心的爱好音乐者常常聚集在一起，演奏海顿的清唱剧，他们都非常高兴和感激，觉得有必要把他们的心情告诉海顿。他们真诚的话语令海顿非常感动，海顿亲自回了一封信给他们：

亲爱的诸位先生：

接到你们的信真是让我喜出望外，尤其是因为它来自一个我没有想到的地方。知道你们不但熟悉我的名字，而且认可我的作品，我就心满意足了，因为我从来不敢想象，我那贫乏的才能居然能在贵处开花结果。

当我的体力和精神不足，觉得很难坚持走下去的时候，我心里就有一个声音告诉我："世界上很少有全然满足和快乐的人，到处都充满了悲伤和忧虑。也许有一天，我的努力可以抚慰疲劳困顿的人，使他们得到短暂的休息和心灵的抚慰。"这是一个使我向前的最有力的动力！这就是为什么当我回顾我长久从事的工作时，能够得到很大的愉悦感。现在，我全心地感谢诸位，你们仁慈的为我着想和鼓励。

也许上苍仍会赐给我机会，让我为你们谱写一些纪念曲。从我的作品里面，你们就可以得知一个垂暮之人的感受，他会欣然地活在你们为他构筑的快乐圈子里，即使死后，灵魂也必如此。祝福你们安好。

你们顺从的仆人海顿

1802 年 9 月 22 日于维也纳

这封信上提到的"垂暮之年""衰落的身体"和"死亡"是很耐人寻味的。那时候，海顿已经很喜欢强调这些事，这种倾向与日俱增。但是，他并没有停止工作，实际上，他在 1802 年夏天仍"非常疲倦地创作着"（他自己的话）最后的弥撒曲。此外，他也开始写作第 77 号作品之三，并给爱丁堡的怀特爵士创作苏格兰民歌。

例行的工作也使海顿非常忙碌，现存于艾斯特哈齐的档案中，记录了海顿聘请新的音乐家、解雇以及测验歌唱者的各式各样文件。尽管年老已经开始沉重地压着这位曾经生龙活虎的人，但是除了由老毛病所引起的不舒服外，他没有其他的病。不过他还是逐渐感到了疲倦，而且一阵阵的头晕使他不能长时间在钢琴前工作。

亲王知道这种情况，便开始物色一个合适的接班人，因为他主要的兴趣是在教堂音乐上面，他便找寻这方面的作曲家，最后他的目标锁定在海顿的弟弟米歇尔身上，他答应给他年薪 1500 金币，比他在萨尔兹堡的薪水多了一倍以上。亲王显然很期待米歇尔的到来，可是经过再三考虑后，米歇尔觉得还是应该留在萨尔兹堡，在新主人塔斯肯尼大公费迪南德三世的指挥下工作。

米歇尔不肯来，艾斯特哈齐亲王必须另外找人，但是他并没有积极去寻找合适的人，而暂时指派约翰·福克斯担任副指挥。直到 1804 年，由于海顿的推荐，他才聘请莫扎特的学生约翰·胡穆尔为音乐会主持人和作曲家，承担海顿的职责。此外，从 1807 年起，海顿的学生安东尼·波尔切利成为代理音乐会主持人兼指挥。即使在海顿停止和艾斯特哈齐的音乐家合作以后，他们仍对海顿非常忠诚。

1802 年，海顿正式解除了艾斯特哈齐的责任。这之后有一阵子，海顿的健康状况稳定，大致看起来还是很不错的。1803 年 6 月，他开始创作最后的四重奏，不过，他只完成了两个乐章。

同年，海顿为他极感兴趣的慈善机构——圣马克斯平民医院义演，演出《十架七言》，这是他最后一次以指挥家的身份出现，此后，他就很少在公共场合露面。1805 年，他 73 岁生日时，音乐界以特别尊敬的仪式为他祝寿，他却不能参加。

现在，海顿觉得他的创造性工作已经完成，他开始喜欢回顾他以往的成就，也很希望能看见一份记载着他一生作品的完整目录。1805 年，艾斯勒帮助海顿编辑完成一份目录，包括了海顿 55 年来所有的作品。

在海顿的最后几年里，他的身体越来越不好。可是，即使有这一重阴影，生活也仍有光明的一面。海顿不像别的老艺术家一样，活着的时候就遭人遗忘，相反地，为了表彰他的杰出成就，各种荣誉纷至沓来，一次又一次给他的晚年生活带来安慰。

1805 年，一个谣言在欧洲传播开来，说是海顿已经死了。在英国，一本杂志也宣布了海顿的死讯（居然说他活了97 岁），出版人汤姆逊还写了一封吊唁的信给处理海顿财务的维也纳银行家佛里斯。巴黎弥漫着最大的惊愕和哀伤，克罗采根据海顿作品的主题，谱写了一首小提琴协奏曲。凯鲁比尼也为海顿的"死"写了一部清唱剧。他们已经准备在1805 年 2 月举行一个追思音乐会，演奏上述的作品以及莫扎特的《安魂弥撒曲》，可是从维也纳传来海顿健在的消息，使他们取消了这一行动。海顿被这件事情弄得啼笑皆非，他亲笔写信给汤姆逊，以证明他尚在人间。而当他听到巴黎的追悼计划时，他笑着说道："他们都是大好人！我无比感激他们给我的殊荣。如果我早点知道这个消息，我会赶到巴黎，亲自指挥莫扎特的《安魂弥撒曲》。"

在世的作曲家很少能像海顿那样受人尊崇。1803 年，维也纳市赠给海顿一个金质奖章，一年后又封他为"荣誉公民"。法国人尽管以前已经赠给了海顿很多荣誉，却仍嫌不足。1805 年，巴黎音乐学校授予他一张会员证书和一个金质奖章，第二年，圣彼得堡的爱乐协会也效仿巴黎的做法。暮年的海顿每次感到情绪特别低落和沮丧时，一定会拿出这些装着奖章的盒子，从中得到一些鼓励和安慰。

当然，把奖章显示给访客看，海顿能得到更大的快乐，这些通常都是慕名而来的陌生人。这些拜访对行动不便的海顿来说，意义非常重大，虽然有时他也觉得很疲倦，但他还是不愿意放弃这些机会，他随时准备好接见任何不速之客。

捷克的音乐家约翰·汤马斯格叙述道：

> 海顿坐在一张轮椅上，穿戴整齐，还有梳理得很好的假发，一条金扣子的白色颈带，一件白色厚丝绒的绣满图案的背心，中间闪耀着金色的皱褶花纹。一件雅致的咖啡色外套，上面有绣花的袖口。黑丝的裤子，白丝的长袜，皮鞋面上缀有银色大扣子。在他旁边的小桌上，放了一副白色手套，这就是他的装扮。

1805 年，许多有趣的宾客来拜访他。钢琴家玛丽·拜格特把海顿的作品演绎得非常好，海顿很高兴地对她说："亲爱的孩子，你发挥了无比的神韵，不仅是在弹奏它，你简直是在作曲。"

小提琴家派里·贝洛特可能给海顿留下了不太愉快的回忆，因为当友善的主人张开双臂时，这位鲁莽的法国人以很大的力量拥抱他，差点就撞掉了海顿仅剩的两颗牙齿。

另一位从法国来的访客是海顿以前的学生，同时也是他在英国的竞争者伊克纳茨·普莱耶尔，普莱耶尔现在是一位非常有影响的音乐出版商。他带来海顿弦乐四重奏全集的样本，使海顿非常高兴。

来访的法国客人中，最受欢迎的要算是路易吉·凯鲁比尼了。凯鲁比尼被邀请到维也纳制作歌剧时，特意抽空拜访了他敬爱的"海顿爸爸"。海顿认为凯鲁比尼是个"与众不同的英俊的年轻人"，并将交响乐第 103 号的手稿交给了他。

当然，维也纳的朋友也继续探望海顿，尤其是格里辛吉，虽然海顿的健康情形一天比一天差，他却不愿意放弃探访，因为他想要尽可能地从海顿口中得到所有的数据，以便写成一本海顿的传记。画家艾伯特·戴斯也是这样，他一共拜访了海顿 30 次，根据他和海顿谈话的内容，他写了《海顿博士语录》，在 1810 年出版。海顿不拒绝朋友们的询问谈话，他甚至喜欢缅怀过去，在回顾他青少年时代的种种奋斗中得到满足。

另外一位受欢迎的访客是杰出的钢琴家库兹柏克，海顿最后的钢琴奏鸣曲和最后的钢琴三重奏都是降 E 调，就是为他写的。

有时候，艾斯特哈齐王后也会悄悄来访，这使海顿非常高兴。海顿说，她好像一位善良的天使，由于她的影响，她的丈夫对行动不便的海顿慷慨多了。1806 年时，他的薪水提高到为 2300 金币。此外，亲王允许海顿使用他的马车，并且为他付医疗诊断费和药费，这使海顿大为感激。

最后的公开露面

　　1808 年 3 月 27 日，《创世纪》在维也纳大学音乐厅演出，没有任何其他形式可以更明显地表达人们对海顿的爱和尊敬。这场音乐会是为庆祝海顿即将到来的 76 岁生日而举行的，海顿当然获得了正式的邀请。因为气候温和，海顿的医生允许他离开家。艾斯特哈齐亲王因为有重要的事情，不能出席，他把他的马车提供给海顿用。马车载着海顿和库兹柏克，缓缓地驶向维也纳大学。

　　群众聚集在大学前面，政府出动了军警来维持秩序。一些贵族及著名的音乐家，包括贝多芬、沙赖里、胡梅尔和吉罗威兹等人都在门口恭迎。海顿的身体已经虚弱不堪，他坐在一张摇椅上，被抬入美轮美奂的演讲厅。他出现时，小号和鼓声齐鸣，夹杂着"海顿万岁"的欢呼声。海顿在专门用来招待王侯公爵的贵宾席上入座。艾斯特哈齐王后坐在旁边，看见海顿有一点儿发抖，赶紧用她自己的披肩围住他。其他的女人也纷纷学她，海顿马上被包裹在最名贵的衣服里了。

法国大使发现海顿在外套上佩戴了法国颁给他的金质奖章，高兴地说道："这个还不够，您应该把法国的所有奖章都戴上。"海顿的朋友库兹柏克和史培尔曼也写了诗献给他。

听众给予他和他的作品的认可，使海顿极为感动。演出开始时，听众安静下来，屏息静听，当唱到"神说要有光，便有了光"时，现场响起了如雷的掌声。海顿举起双手，喊道："不要感谢我，要感谢万能的神。"

事实上，他坐在那里，颤抖得非常厉害。大家都认为最好在中场时就让他去休息一下。在场的人都知道，这位卓越的音乐家已经时日无多了。人们含着泪围在他身边，和他握手，并拥抱他。此时的贝多芬也不再像从前那样不可一世，他跪在海顿的面前，吻他的手和前额。海顿只能用断断续续的话来表达他的感谢和期望。在他离开大厅时，他高举双手，祝福在场的每一个人。

《创世纪》在维也纳大学的演出非常成功，这也是海顿最后一次在公共场合露面。

终曲

不久之后，奥地利再次被卷入战争。1809 年春天打了几场决定性的战争，法国军队逐渐进逼维也纳。对于瘫痪在床的海顿来说，这是最黑暗的日子。他的两个弟弟都死了，

海顿之墓

约翰死于 1805 年，第二年米歇尔也死了。

这段日子里，海顿又修改了他的遗嘱。他的遗赠接受人没有太大变更，他唯一的侄儿马西斯成为他财产的主要继承人。此外，他还念念不忘五十多年前在维也纳借钱给他的那位安东·布赫尔茨，他给了布赫尔茨的孙女一大笔钱。海顿也没有忘记他的家乡罗劳，他留了一笔钱给家乡的两个孤儿，以抚养他们长大成人。

1809 年 4 月，遗嘱修改完后，他叫他的仆人和亲戚到房间里，宣读遗嘱，因为他想知道他们是否满意遗嘱的内容。他的仆人约翰得到的遗产也特别丰厚，除了 2500 金币外，他还额外得到一年的工资和一套像样的衣服。

战争仍在激烈地进行着，拿破仑节节胜利，奥地利败绩连连。5 月初，法国人已攻陷维也纳西郊的一些城镇。海顿的家很靠近敌人，非常危险，库兹柏克请他先住到他在市中心的家。海顿没有听他的话，因为他觉得自己已经很难适应一个新环境里日常起居的变化。5 月 12 日，拿破仑的军队开始用猛烈的炮火围攻维也纳。有一颗炮弹在海顿家附近落下，一阵震耳欲聋的剧烈声响震得房子东摇西晃。海顿的仆人们吓得不知所措，海顿安慰他们说："孩子们，不要害怕，有我在，没有什么可以伤害到你们。"

炮轰持续了24小时，拿破仑特别安置了一个卫队在海顿的门口站岗，以免大师受到骚扰。维也纳投降后，一切又恢复了安静。此时，海顿的神经已经开始衰弱了。他不觉得痛苦，可是他的力量正逐渐在衰退。

5月26日，海顿召集家人到他的钢琴边，最后一次弹奏他喜欢的奥地利国歌《神佑吾王弗兰兹》，在奥地利投降的日子里，这个举动有着不凡的意义。海顿一连弹了三遍，这首不朽的曲子倾注了他对这个不幸的国家的全部感情，虽然他的力气已经全部用完了，他却达到了一种连他自己都觉得诧异的出神入化的表达力。

到了第二天，海顿已经不能起床。家人请了一位医生诊治，但是医生也无力对抗急速而来的衰竭。海顿看起来并不痛苦，他的家人问他感觉怎么样，他低声地说："孩子们，放心吧，我很好。"尽管如此，他昏迷的时间却逐渐增加。终于，在1809年5月31日午夜后，他快乐而温柔地入睡了，再也没有醒来。

在生死存亡之间挣扎的奥地利不能像往常一样，向死去的海顿致以最高的敬意。当时并没有多少人知道海顿的死讯，因此，海顿的葬礼非常简单。

海顿躺在他的大屋子里，穿着黑色礼服，他看起来跟生前没有什么两样。他的脚下放着来自巴黎、俄国、瑞典和维也纳的七个奖牌。5点钟后，海顿被放入橡木灵柩里，抬到一个教堂，在它外面绕了三圈，由牧师祝福后，运到洪德斯特尔姆公墓。

6月5日举行的正式葬礼庄严肃穆，法国的高级将领、官员以及维也纳文化圈的人全都出席了葬礼。法国军人和维也纳的民兵分开站着，围在灵柩四周。海顿得到的奖牌放在前面，其中有刻着他名字的小象牙牌子，那是他在伦敦听音乐会的通行证。哀乐选择得非常合适，那是海顿最欣赏和钟爱的莫扎特所作的《安魂弥撒曲》，现在由维也纳的音乐家们演奏，向伟大的"海顿爸爸"告别。